行政機關績效管理

邱吉鶴 著

序

　　近二十年來，行政機關績效管理的推行已蔚為風潮，例如1980年代英國首相柴契爾夫人的國營企業私有化，1990年代美國總統柯林頓的政府績效成果法，無不希望從績效管理著手，促進行政機關的改造，提升國家整體的競爭力。

　　本書旨在探討我國行政機關績效管理制度的建構與發展，並參酌英美先進國家相關作法，以為未來行政領域研究與實務的運用。本書共蒐集作者著作或服務於行政院研考會與同仁合著共 8 篇文章，其內容包括：第一章領導策略與績效管理，闡明行政機關管理的兩大核心主軸；第二章行政機關績效評估制度，介紹我國中央機關績效評估制度的發展與運作；第三章構型理論之績效評估制度，研析以多構面評估觀點，建構行政機關不同層級績效評估制度；第四章交易成本理論之公共工程績效評析，從交易失靈因素分析提出公共工程執行績效評估方法；第五章英美兩國績效評估制度之比較，從兩國績效管理制度改造過程中，找出可供我國借鏡之處；第六章愛爾蘭及澳大利亞國營企業的績效評估，研析兩國公營企業績效評估方法，以為建構我國國營事業績效評估的參考；第七章重大社會事件之專案調查，介紹行政調查權的運用及專案調查的方法；第八章反恐怖危機處理機制的研究，研析可能發生恐怖事件的類型，以及如何建構危機處理體系。

　　本書的得以出版，對於行政院研考會宋主任秘書餘俠、卜科長正球及黃科長宏光合著的文章表達感謝，也要感激原服務行政院研考會管制考核處同仁的共同工作智慧；同時，對於作者秘書

翁千惠小姐幫助校對等事宜，以及秀威資訊科技公司協助出版，
特表申謝。

邱吉鶴　謹序
2008 年 2 月

目　次

第一章　領導策略與績效管理

壹、前言

　　近二十年來，各先進國家為回應社會的需求及重建政府的角色，無不進行公共管理的改革，希望建構符合未來需求的治理模式。經濟合作暨發展組織（Organization for Economic Co-operation and Development，OECD）指出，若干私部門的績效管理技術獲得公部門採用，但從改革經驗中，這些國家發現公部門的現狀和公共利益間出現落差，以致他們將焦點放在「領導」（leadership）層面的研究，冀望強化公部門背後所立基的價值，並促進公民的利益（OECD，2001a：11；OECD，2001b：11；余致力、陳志瑋，2005：1）。因此，行政領導者如何建立策略性的認知，妥適運用行政機關資源與管理工具，以提昇整體組織效能，縮減民眾期望的落差，便成為一個值得探討的重要課題。

　　Bennis（2001）認為，在迅速多變的時代，領導的重要性，不言而喻。近十年來，隨著地球村出現、科技和資訊網路的發展、人口結構和多元文化帶來的衝擊等，使得組織外部環境發生急劇變化，促使其經營管理變得高度不確定和不可預測。在此情況下，政府、企業或其他非營利組織，都不再能夠依循過去經驗法則、按部就班、有條不紊地照計畫執行，並加以控制。再就領導方面而言，即過去所謂的特質領導、行為領導、情境領導及魅力領導等理論主張均已有不足因應之處。面對高度不確定的未來，領導者應採什麼樣的領導策略或方式，運用在績效管理活動上，對組織績效具有其影響效果，乃是本文主要的研究動機。

　　行政機關是國家公權力行使的象徵，亦為民眾服務而存在。政府依照國家的體制成立不同專職的行政機關，依據法制體系訂定法律、命令及行政規則，依法行使每項職權，這也是行政機關與一般企業或非營利組織不同的專有制度與文化。在政府組織結構與規章限制下，行政首長應採取何種領導策略，對行政部門施政績效所能產生的效果如何，則為目前相關研究較欠缺探討之處，亦為本文研究的重點。

　　本文綜觀行政機關面臨的相關問題及理論研究的缺口，提出研究目的包括：一、分析目前行政首長所採取的領導策略。二、剖釋行政機關的績效管理制度。三、解析行政首長應採取何種領導策略，運用在績效管理活動上，對行政機關績效具有助益。

　　本文共分為五節，除本節外，第二節為文獻探討，綜析領導策略及績效管理相關文獻，以為本文研究理論基礎，第三節提出本文的研究設計，第四節進行調查結果資料量化分析，第五節為結論與建議。

貳、文獻探討

一、領導策略

　　領導是指兩人以上特定的影響關係（Hollander & Julian，1969；Janda，1960；Bowers & Seashore，1969；Jacobs，1970），透過組織活動（Stogdill，1948；Hemphill & Coons，1957；Morphet et al.，1982；Szilagy & Wallace，1983；Yukl，1989；Jacobs & Jaques，1990），創造一種理想氣氛（Hanlon，1968），說服他人（Davis，1972；Kerr & Jermier，1978；Jago，1982；Koontz & Weihrich，1990），以達到特定的組織目標（Tannenbaum et al.，1961；Mintzberg，1985）。

　　領導理論依研究的演進，大致可分為特質論、行為論、情境論及魅力論等不同階段。近年來，學者逐漸走向領導實務方面的研究，也就是研究為何會有卓越領導者的出現。一位卓越領導者在領導過程中扮演什麼角色及做什麼事，或採取什麼方法達成組織績效，學者稱之為「策略領導」（strategic leadership）（Elenkov et al.，2005：666），即領導者採用什麼策略或方式運用在績效管理上，以有效提升組織績效。Ulrich 等（1999）在其合著《Results-Based Leadership》一書中，綜合領導相關的研究提出領導屬性模型，在其模型中發現領導屬性的關鍵元素包括個人性格、知識及行為，也就是領導者必須做到什麼、知道什麼與成為什麼樣的人，Ulrich 等認為領導者採取的領導策略或方式，大多脫離不了四個領域：展現個人風格、確定方向、鼓舞員工及帶動組織。

　　相同地，Kouzes 與 Posner（2003）利用個案分析和問卷調查方式，經由二十多年不斷探討組織領導過程，找到卓越領導經驗中最常見的五項實務要領，包括：以身作則、喚起共同願景、向舊習挑戰、促使他人行動及鼓舞人心，由於該研究結果係經由大型的實證研究，研究範圍亦包括了行政機關、企業及非營利組織，且國外已有一百五十篇以上博士論文及相關期刊研究引用作為立論基礎（高子梅譯，2004：17-46），本文亦將之引用於我國行政機關首長領導策略的研究。茲將 Kouzes 與 Posner（2003）所提出的五項領導策略構念引述如下：

　　（1）「以身作則」（model the way）：領導者必須釐清自己的價值觀，然後結合行動與組織共同價值觀，樹立榜樣。Rokeach（1973）指出價值觀是持久不變的理念，樹立楷模的價值觀是指如何做好事情；組織的價值觀是指領導者和追隨者渴望共同獲得的東西。

　　（2）「喚起共同願景」（inspire a shared vision）：領導者必須具備前瞻性，勾勒出組織未來的願景，爭取他人的支持，培

養組織命運共同體的觀念；領導者之所以與眾不同，在於他能提出更高的理想及價值，喚起組織成員的自覺（Burns，1978），並將願景與價值觀具體化，建立完善的經營環境（Richards & Engle，1986；Sashkin，1988）。

(3)「挑戰舊方法」（challenge the process）：領導者必須不斷尋找新的機會，以創新促進變動、成長和改善；不斷鼓勵員工進行實驗和冒險，從錯誤中學習成長。領導是轉換組織員工的心靈到一個有動機且可執行的高層次境界（Parry，2000），影響組織成員產生態度與想法的改變（Robbins，1994），讓員工擁有工作的資源、技能和知識（Yukl & Nemeroff，1979），使員工為組織任務和目標貢獻。

(4)「促使他人展開行動」（enable others to act）：領導者應該推動合作性目標、建立互信，促進團隊合作，藉由權力下放和分享，強化員工的分量。領導者必須能夠激勵員工，營造組織共同的願景與目標，在過程中讓員工參與（Friedman & Langbert，2000），並提供指導和支持，以確保個人配合團隊目標（Evans，1974；House & Mitchell，1974）。

(5)「鼓舞人心」（encourage the heart）：領導者應經常感謝員工個人傑出的表現，肯定其貢獻，並創造社群精神，大力頌揚勝利成果。領導者應建立人員資源策略指標（Buhner，1997），激勵部屬（Levine，1994；Friedman & Langbert，2000），引發其信心和熱忱，共同贏得組織競爭優勢。

二、績效管理

績效係指組織和人員活動的一個結果，而績效管理乃是組織中之領導決策、作業流程、管理員工、創新學習和持續改進等一系列活動（Saltmarshe et al.，2003）。《績效名詞辭彙》（Glossary of Performance

Terms）一書提出，績效管理包括組織中任何層級（個人、部門或整體）應加瞭解及採取行動的績效相關議題（IdeA〔Improvement and Development Agency for local government〕，2003）。因此，績效管理含蓋了組織中制度、流程及績效評量等相關議題，包括領導、決策、流程改善、後勤支援、激勵措施、創新學習及風險管理等有助改善組織績效事項。

　　回顧績效管理相關研究文獻；一九七〇年代，大多研究以績效評估方法為主，偏重於如何透過組織或個人績效評估引導決策與產出；一九八〇年代以後，研究者注意到規劃與執行的重要性，相關研究強調績效目標的設定與系統流程活動的管理；至一九九〇年代，Kaplan 與 Norton（1992）提出平衡計分卡，引起了績效管理的研究風潮，紛紛將平衡計分卡觀點運用在組織、方案或個人績效管理與評估方面研究，近年已有學者將其發展為策略績效管理的理論（Curtright et al.，2000；Thompson & Strickland，2001；Sureshchandar & Leisten，2005；Verweire & Berghe，2004）（表二）。

　　根據策略績效管理相關理論的主張，認為績效管理仍為一個連結策略、資源和流程的系統（Sureshchandar & Leisten，2005：14）。其中，Verweire 與 Berghe（2003）提出「整合性績效管理」（Integrated Performance Management，IPM）理論，主張績效管理包括：目標設定、作業流程、支援活動、評估與控制及組織行為等五項管理活動，認為 IPM 是一個協助組織規劃、執行和改變策略的流程，能夠促使組織的發展及執行組織的策略，提升組織期望的績效；同時認為假如組織能夠做到策略連結，IPM 是個有效的工具（Verweire & Berghe，2003：783-784）。IPM 雖然尚未用在政府部門績效管理方面研究，但是政府部門與企業組織功能與目的都在於創新或增加組織價值（Jackson，1995），故 IPM 的主張亦得以引用於政府部門；惟組織績效的良窳，除靠組織流程的執行力外，政策本身的價值更形重要，即 Peter Drucker 所說的，必須講究的要有正確的政策（do the

right thing，make the right policy），因此，本文增列政策價值活動一
項，期使 IPM 更形完整。茲將六項績效管理構念說明如下：

（1）「政策價值」（policy value）：績效管理所使用的策略，必
　　　須確信能夠被執行及策略是有價值的（Asch，1992；Neely，
　　　1998；Preble，1992；Roush ＆ Ball，1980；Schreyogy ＆
　　　Steinmann，1987）。即行政機關必須提出正確的政策，符合
　　　時代的潮流及人民的需求，且能如期執行產生效果。

（2）「設定目標」（goal-setting）：管理流程係在如何完成所有的
　　　任務，聚焦在採取有效及合乎道德標準的方法達成組織目
　　　標（Buelens et al.，2002：635），讓員工知道組織任務與目
　　　標，每個員工貢獻知能，使個人目標與組織目標結合，並
　　　適應環境作彈性的改變。

（3）「作業流程」（operational processes）：作業流程包括創新、
　　　設計、生產、行銷和顧客服務等流程，Sureshchandar 與
　　　Leisten（2005）認為正常的經營流程包括：流程設計、標
　　　準程序、監督與控制、標竿學習、顧客參與、品質控管、
　　　軟硬體設施與技術，以及作業流程的持續改善。

（4）「支援流程」（support processes）：包括支援事業經營和作
　　　業流程（Garvin，1998；Porter，1980），Verweire 與 Berghe
　　　（2003）認為組織必須建立管理技能訓練與教育制度、管
　　　理會計制度、內部溝通機制及檔案管理制度；其次 IT 是主
　　　要支援工具，例行性工作應採用自動化設施或用 IT 系統，
　　　工作者花更多時間在系統性問題的改進。

（5）「評估與控制」（evaluation and control）：Kopezynski 與
　　　Lombardo（1999）認為績效評估的目的包括：確認好的績
　　　效、確定績效目標、比較判定績效、責任、建立聯盟和信
　　　任；Hatry（1999）繼續增加五項，包括：內部與外部預算
　　　活動、確認問題、評估、策略規劃及改善。Verweire 與 Berghe

（2003）認為控制不僅是內部控制，而且是學習、診斷與控制系統的交互使用；組織每一個人必須參與控制過程，並激勵員工提出績效改進措施。

（6）「組織行為」（organizational behavior）：組織應以團隊行動解決問題；一旦特殊任務發生，組織成員應該自動組成團隊解決；同時認為組織規定只是一些說明或障礙系統，應該依規定彈性使用，讓員工感到被高度授權，每個人都覺得有責任去達成組織的任務和目標，並且設計績效獎金制度，連結組織策略和目標的達成。

三、領導策略與績效管理

行政首長採行的領導策略及行政機關的績效管理作為，是行政機關績效表現的二大管理主軸。依據 House（1974）提出的「路徑──目標理論」（Path-Goal Theory），認為領導者最主要的任務為調節其行為，以最適當的領導方式，協助部屬瞭解努力的方向，並產生努力的意願，以獲得最大的領導效能。

領導策略強調的是領導者應做什麼事，採取什麼策略帶領組織發展；組織績效管理強調的是如何建構一套有效的績效管理制度，創造組織的價值。Elenkov 等（2005）認為領導策略有一些方法會影響組織創新流程（Elenkov et al.，2005：667-669），例如領導者具有更多能力看到影響組織未來的環境因素及提供有效的溝通方法，帶領組織更高層次的創新；領導者經由創造願景及成功處理創新活動，對組織創新產生正面效果；領導者經由選拔人才、獎勵和持續支持變革影響組織創新（Kanter，1985）；領導者必須能夠創造一個具生產力工作的組織文化，讓具生產力工作者能得到獎賞（Avolio，1999；Podsakoff et al.，1996；Shamir et al.，1993），這些方法都與組織績效產生影響（表三）。

　　根據領導文獻相關學者的主張，領導者必須具備目標管理、溝通能力、激勵技巧、績效評估、決策能力、專業技巧、授權、緊急應變、體恤員工及時間管理等條件（Bass，1985）；必須具備以身作則、喚起共同願景、挑戰舊方法、促使他人展開行動及鼓舞人心等能力（Kouzes & Posner，2003），在組織中應扮演創造者、營造者及改造者角色，領導的精髓即為明確一致的策略目標，強固堅定的執行力及領導價值觀的實踐（Davis，1972）；在領導的過程中，領導包括發現策略議題、系統評量組織氣候、尋找組織創新能力、轉變組織文化與價值及重建全新組織等五個流程（Dreachslin & Saunders，1999）；在組織整體管理及經營過程中，領導者必須確立方向（願景、顧客、未來）、展現個人風格（嗜好、正直、信任、分析能力）、鼓舞員工（獲得支持、權力分享）及帶動組織（建立團隊、創造改變）（Ulrich et al.，1999）。整體而言，領導者的職責就在於建構一套完善的績效管理系統，採取有效的管理方法，帶領組織創造最佳的績效。

　　Ulrich 等（1999）在其《Results-Based Leadership》一書中指出，有效率的領導者必須將其領導策略與組織績效管理相結合，績效導向的管理有助於領導者將領導策略轉換為組織的成果。換言之，領導者在帶領組織管理的過程中，首先必須確定組織的方向，提出組織未來的願景，廣為宣導，讓所有員工都能知曉與認同；並將組織願景化為目標與策略，付諸行動；這些作為即是績效管理過程中提出具有價值的政策、設立欲達成的目標及採取有效可行的行動策略。

　　其次，面對外在環境的變化及內部資源的限制，領導者必須帶領員工建立組織的能力，挑戰舊習的做法。所謂組織能力，係指能為組織創造價值的流程、實務與活動，即領導者必須具備將組織方向變成指令、願景化成實務及目標轉換成流程的能力；所謂挑戰舊習，即領導者必須具有引導組織改革創新、引進外部技術與資源，以及創造組

織不斷革新與學習的環境，這些領導策略都必須落實到組織績效管理之作業流程及支援活動上，才能夠發揮組織管理的實質效果。

　　組織管理績效的呈現，必須仰賴全體員工配合組織的願景、目標及策略，願意投入心力，全心奉獻。因此，領導者必須瞭解及滿足員工的期待，將員工的期待轉換為領導的策略或行為，促使員工認同組織的願景與目標，全心全意的奉獻，讓員工知道他們的奉獻對組織績效是有幫助的，並可得到適當的回饋。而這些領導策略或行為，亦必須與平日組織績效管理之激勵措施及業務活動相結合，方能產生組織管理的綜效。

參、研究方法

一、研究架構

　　本文研究目的，在探討行政首長領導策略與組織績效管理的關係。根據前述文獻探討，本文參採 Kouzes 與 Posner（2003）提出的最常見的五項實務要領，作為自變項領導策略因素的研究理論基礎；引用 Verweire 與 Berghe（2004）提出的整合性績效管理修正後的六項管理活動，當作應變項績效管理因素的研究理論基礎。由於該二項相關構念首次引用在我國行政機關的研究，國內尚乏相關實證文獻可資參考，因此先就本文調查結果進行因素分析，以呈現二研究變項的因素。

　　首先，就調查的領導策略五項因素進行因素分析。經分析結果發現，原五項因素明確歸併為三項，即其中以身作則與喚起共同願景合併成一因素，促使他人展開行動與鼓舞人心合併成一因素，而挑戰舊方法仍為一獨立因素；經進一步分析，以身作則與喚起共同願景二因素，其本質與內涵頗為相近，均強調領導者必須清楚表達

其理念與價值觀，經由說服員工建立組織共同的價值，引導員工實現組織的目標與願望，二因素具有高度的關連性，本文將之合併稱為共築願景；促使他人展開行動與鼓舞人心二因素，其本質及內涵亦高度相近，為一系列激勵員工動機與驅動員工採用行動的措施，本文將之合併稱為激勵士氣；而挑戰舊方法強調的為組織創新與變革的方法，本文將之改稱為挑戰舊習。因此，本文以共築願景、挑戰舊習及激勵士氣作為自變項領導策略的研究因素。

　　其次，就調查的績效管理六項因素進行因素分析。經分析結果發現，其中評估與控制的題項，分別歸併到支援活動及組織行為活動二因素；經進一步分析，就評估與控制的本質與內涵而言，行政機關的績效評估、或方案執行與控制，偏向於組織管理的支援與幕僚領域，而評估過程的激勵及評估結果的獎勵，偏向於組織激勵措施與活動。因此，本文根據調查結果，以政策價值、目標設定、作業流程、支援活動及組織行為活動五項作為績效管理的研究因素。

　　再者，本文將調查對象的機關類型及受訪者的背景作為控制變項，主要在檢測行政首長領導策略及組織績效管理，是否因機關性質不同而有差異，或受訪者背景對二者的認知是否產生影響。綜合上述，本文提出研究分析架構如圖一：

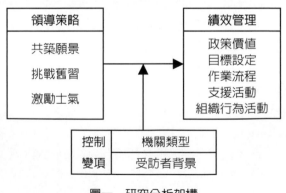

圖一　研究分析架構

二、研究對象

本文以行政院及考試院所屬機關為研究對象，根據我國憲法五權分立，中央政府分為行政院、立法院、司法院、考試院及監察院等五院，並下設二級或三級機關；由於立法院為民意機關，司法院及監察院為獨立審判及監督機關，業務性質較為特殊，以及組織經營管理有異於一般的行政機關，故本文則以行政法學界定行使行政權的行政院及考試院所屬部、會二級機關為研究對象。

本文實證調查採取「叢集抽樣」（cluster sampling）方法，首先排除業務特殊、合議委員會及組織規模小等性質機關，再就行政機關分為專業及管理機關二類型，依比例選擇專業機關十一個、管理機關四個，共計十五個機關，而此所謂專業機關係指為人民或特殊族群專業服務性質機關，例如內政部、經濟部等；管理機關係指行政體系內部協調或幕僚性質的機關，例如研考會、人事局等；接著，就十五個機關中科長以上人員各抽取五十至六十人為調查樣本。本文選擇科長以上中高階公務員為樣本母體，主要理由有二：一為科長以上人員已有相當時間服務年資，對組織的制度與業務較熟悉；二為科長以上人員因職位及業務關係，與首長接觸或業務互動較為頻繁，對首長的領導模式有較深的瞭解。依據二〇〇六年行政院及考試院所屬各機關職員錄統計，十五個機關第九職等科長以上至十二職等司處長人員約計 1,464 人，問卷發出 800 份，抽取樣本比率為 54.64%。

為瞭解本調查之樣本結構與母體結構是否一致，本研究應用 x^2 檢定同質性考驗探討抽出樣本之代表性如表一。結果顯示，在 p＜0.01，自由度（df）為 1 時，機關數目之卡方值為 0.0002（p＝0.9886）；機關人數之卡方值為 4.8694（p＝0.0273），兩者均未達顯著差異，表示本調查之樣本結構與母體結構一致，樣本統計量可代表母體相對之表徵值。

表一　調查機關數目與母體差異之檢定結果

	項目別	樣本推估資料		母體資料		x^2	P 值
		機關數目	比率(%)	機關數目	比率(%)		
機關數目	專業機關	11	73%	25	74%	$x^2(1)$ =0.0002	0.9886
	管理機關	4	27%	9	26%		
	總　計	15	100%	34	100%		
機關人數	專業機關	590	74%	1140	78%	$x^2(1)$ =4.8694	0.0273
	管理機關	210	26%	324	22%		
	總　計	800	100%	1464	100%		

　　本次調查共發出 800 份問卷，總共回收 658 份，有效問卷為 640份，有效樣本回收率為 80%。本項問卷調查的執行，係商請十五個機關研考或人事主管人員各予協助辦理問卷分送、填答解說與連繫、回收等事項，並於事前詳以說明問卷內容、樣本抽樣方式，以及問卷發送與回收程序，前後歷經三週完成。

三、研究工具

　　本文以結構式問卷為研究工具進行資料的蒐集，問卷內容主要分為三部份：第一部份為行政首長領導策略量表，第二部份為行政機關績效管理量表，第三部份為受訪者的基本資料表。茲分述如下：

（一）行政首長領導策略量表

　　本量表係參採 Kouzes 與 Posner（2003）提出的領導實務要領五個構念量表，依行政機關的特性作部份文字涵義的修正；該部份量表分為以身作則、喚起共同願景、挑戰舊方法、促使他人展開行動

及鼓舞人心等五個構念，每一構念各設計六題，採用「李克特五點
尺度」（Likert 5-point scale）。而本量表經由因素分析後，歸併為共
策願景（十二題）、挑戰舊習（六題）及激勵士氣（十二題）三個構
念，後續統計分析以三個構念的題項為基準。

（二）行政機關績效管理制度量表

本量表除引用 Verweire 與 Berghe（2004）提出的整合性策略五
個構念外，另依政府機關性質及策略績效管理理論，增加政策價值
的構念，即以政策價值、目標設定、作業流程、支援活動、評估與
控制及組織行為流程等六個構念，形成行政機關策略績效管理的價
值鏈，每一構念依據 Verweire 與 Berghe（2004）的定義及行政機關特
性各設計六題，亦採用李克特五點尺度。而本量表經由因素分析後，
歸併為政策價值（六題）、目標設定（六題）、作業流程（六題）、支
援活動（六題）及組織行為活動（九題）五個構念，刪除其中因素負
荷量小於 0.50 的三個題項，後續統計分析以五個構念的題項為基準。

（三）受訪者的基本資料表

本文控制變數的衡量採用行政機關別及受訪者的性別、年齡、
職位、教育程度與年資，分別採用名目尺度及順序尺度。

四、信效度檢定

本文以 Cronbach's α 檢定各構念題項信度，以因素負荷量檢測效
度。信度檢定結果，行政首長領導策略三個構念 Cronbach's α 值均在
0.94 以上，行政機關績效管理五個構念 Cronbach's α 值均在 0.86 以
上，依 Nunnally（1978）的建議，Cronbach's α 值在 0.7 以上為佳，
因此各量表的信度達到可接受的水準；其次效度檢測結果，行政首長

領導策略三個變數題項的因素負荷量均在 0.57 以上，行政機關績效
管理六個變數題項的因素負荷量均在 0.53 以上，亦為可接受的水準。

五、統計分析方法

　　本文問卷經回收後，利用 SAS 統計軟體進行資料建檔及統計分
析的工作。對行政首長領導策略及行政機關績效管理看法部分，除
進行平均數統計外，並利用 t 檢定（t test）及單因子變異數分析
（ANOVA）來檢測受訪者屬性是否會影響變項的看法。其次，就領
導策略及績效管理之變項因素間進行交叉統計分析，以瞭解其相
關性；並進行迴歸分析，檢測行政首長領導策略對組織績效管理
的影響。

肆、研究結果

一、描述性統計分析

　　本文就受訪者對行政首長領導策略及行政機關績效管理各變項構
念的看法平均數彙整如表二，並以受訪者基本資料進行 t 檢定及變異數
分析如表三，以機關類型進行 t 檢定如表四。茲說明如下：

（一）受訪者對行政首長領導策略的看法

　　本項問卷採用李克特五點尺度進行衡量，由表二領導策略各構
念平均值顯示，共築願景平均值為 3.85、挑戰舊習為 3.71 及激勵士
氣為 3.83，各構念的平均值均大於 3，表示受訪者對本文所調查的
領導策略偏向肯定；其次，受訪者認為所調查的行政首長重視領導
策略順序為共築願景、激勵士氣及挑戰舊習。

表二 平均值統計量彙整表

變項	構面	樣本數	題數	平均數	標準差
領導策略	共築願景	640	12	3.85	0.68
	挑戰舊習	640	6	3.71	0.73
	激勵士氣	640	12	3.83	0.68
績效管理	政策價值	640	6	3.93	0.61
	設定目標	640	6	3.72	0.68
	作業流程	640	6	3.90	0.64
	支援活動	640	6	4.12	0.58
	組織行為活動	640	9	3.75	0.60

表三 自變項與應變數檢定彙整表

變項／基本資料	性別 (t 值)	年齡 (F 值)	教育程度 (F 值)	職務 (F 值)	年資 (F 值)
首長領導策略	0.53 (0.59)	1.73 (0.14)	2.02 (0.11)	2.37 (0.05)	1.34 (0.25)
共築願景	0.50 (0.62)	1.50 (0.20)	1.60 (0.19)	1.76 (0.13)	1.31 (0.26)
挑戰舊習	0.35 (0.72)	1.28 (0.28)	1.58 (0.19)	1.92 (0.11)	1.06 (0.38)
激勵士氣	0.56 (0.57)	2.01 (0.09)	1.99 (0.11)	2.78 (0.03)	1.24 (0.29)
組織績效管理	1.14 (0.26)	3.46 (0.01)*	1.31 (0.11)	2.80 (0.03)	2.78 (0.02)
政策價值	2.30 (0.02)	3.62 (0.01)*	1.43 (0.23)	1.38 (0.24)	2.10 (0.06)
設定目標	-0.15 (0.88)	3.31 (0.01)	0.87 (0.46)	1.81 (0.12)	3.07 (0.01)*
作業流程	1.70 (0.09)	2.83 (0.02)	1.55 (0.20)	2.49 (0.04)	2.02 (0.07)

支援活動	0.55 (0.58)	2.78 (0.03)	0.93 (0.43)	1.62 (0.17)	1.84 (0.10)
組織行為活動	0.73 (0.46)	2.01 (0.09)	1.17 (0.32)	3.86 (0.004)*	2.23 (0.05)

註：*$p < 0.01$。性別以 t 統計考驗，年齡、教育程度、職務、年資則以變異數分析進行考驗。

　　接著，由表參三受訪者基本資料進行檢測分析結果顯示，受訪者的性別、年齡、教育程度、職務及年資對行政首長領導策略各構念，在 $p < 0.01$ 下均不具有統計上顯著性，行政首長領導策略不會因受訪者背景不同而有所差異；其次，由表四專業與管理機關對行政首長領導策略進行 t 檢定結果顯示，二者均不具有統計上顯著性，即中央行政首長領導策略不會因機關性質不同而有所差異。

表四　不同機關類型在自變項與應變項之 t 統計考驗

機關類型	變項類別	平均值（差異）	標準差（差異）	t（p 值）
專業機關 vs 管理機關	首長領導策略	0.0176	0.6393	0.29 (0.77)
	共築願景	-0.016	0.6822	-0.24 (0.81)
	挑戰舊習	0.0269	0.7331	0.39 (0.70)
	激勵士氣	0.0461	0.677	0.72 (0.47)
	組織績效管理	-0.011	0.5442	-0.21 (0.84)
	政策價值	0.0107	0.6151	0.18 (0.85)
	設定目標	-0.054	0.6845	-0.84 (0.40)
	作業流程	0.0293	0.6367	0.49 (0.63)
	支援活動	0.0236	0.5761	0.43 (0.66)
	組織行為活動	-0.054	0.5979	-0.96 (0.34)

註：以 $p < 0.01$ 為顯著水準之判斷。

（二）受訪者對行政機關績效管理的看法

本項問卷亦採用李克特五點量表衡量之，由表二績效管理各構念平均數顯示，政策價值平均值為 3.93、設定目標為 3.72、作業流程為 3.90、支援活動為 4.12 及組織行為活動為 3.75，各因素平均值均大於 3，表示受訪者對本文所調查的績效管理各項構念偏向肯定的看法；其次，受訪者認為所調查的中央二級行政機關重視績效管理活動的順序為支援活動、政策價值、作業流程、組織行為活動及設定目標。

接著，由表三分析結果顯示，受訪者的年齡在 $p < 0.01$ 下對政策價值具有顯著性；職務在 $p < 0.01$ 下對組織行為活動具有顯著性；年資在 $p < 0.01$ 下對設定目標具有顯著性。整體而言，受訪者的年齡、職務及年資對中央機關績效管理的活動具有不同看法，由於受訪者的年齡、職務及年資均為公務員的經歷屬性，顯示受訪者會因經歷不同對中央機關績效管理的看法而有差異。其次，由表四專業及管理機關對行政首長績效管理進行 t 檢定結果顯示，二者間均不具有統計上顯著性，即中央行政機關不會因機關性質不同，其績效管理活動而有所差異。

二、相關分析

本文就自變項之領導策略、控制變項之受訪者背景及應變項之績效管理進行相關性分析，彙整如表五，茲說明如下：

（一）領導策略與績效管理關係

由表五結果顯示，行政首長領導策略之共策願景、挑戰舊習及激勵士氣三項因素與績效管理之政策價值、設定目標、作業流程、支援活動及組織行為活動五項因素，在 $p < 0.001$ 情況下具有統計上顯著性相關。整體而言，行政首長領導策略與組織績效管理之間具有高度的相關。

（二）受訪者背景與領導策略及績效管理關係

由表五結果顯示，受訪者的職務在 $p < 0.01$ 下與挑戰舊習、激勵士氣具有統計上顯著性相關，其他性別、年齡、教育程度及年資與領導策略各因素均不具統計上顯著性相關。由上述統計分析顯示，受訪者職務將影響對行政首長領導策略的看法。

其次，由表五顯示，受訪者背景除性別、教育程度及年資與組織績效管理不具統計顯著性相關外，其他如年齡及職務均與組織績效管理具有部分相關。其中，年資在 $p < 0.01$ 下與政策價值具有顯著相關；年齡在 $p < 0.001$ 與政策價值及 $p < 0.01$ 下與作業流程具有顯著相關；職務在 $p < 0.001$ 下與組織行為活動具有顯著相關。綜上分析，受訪者公務經歷將影響其對組織績效管理的看法。

三、迴歸分析

本文進一步就自變項、控制變項及應變項進行迴歸分析，彙整如表六。由表六模式一就領導策略對組織績效管理迴歸分析結果顯示，領導策略之共築願景、挑戰舊習及激勵士氣三項因素對組織績效管理在 $p < 0.001$ 下均具有顯著的影響效果，其 β 值共築願景＞激勵士氣＞挑戰舊習，模式一的可解釋變異量比為近 0.59；模式二及模式三分別就受訪者背景及機關類型對組織績效管理進行分析，結果顯示二者對組織績效管理均不具有統計上顯著的影響。

模式四就領導策略三項因素加上受訪者背景因素，對組織績效管理進行分析，結果顯示領導策略三項因素在 $p < 0.001$ 下對組織績效管理均具有預測力，其 β 值乃為共築願景＞激勵士氣＞挑戰舊習，而受訪者背景對組織績效管理不具有顯著預測力，模式四的可解釋變異量比為 0.59。

表五　相關分析彙整表

研究變項	1	2	3	4	5	6	7	8	9	10	11	12
自變項												
1、以身作則												
2、挑戰舊方法	0.798**											
3、鼓舞人心	0.810**	0.703**										
人口統計變項												
4、性別	-0.019	-0.014	-0.022									
5、年齡	0.037	0.014	0.038	-0.221**								
6、教育程度	-0.069	-0.066	-0.074	0.031	-0.094							
7、職務	0.096	0.107*	0.126*	-0.089	0.354**	0.190**						
8、年資	0.042	0.030	0.062	-0.144**	0.627**	-0.133**	0.397**					
應變項												
9、政策價值	0.628**	0.528**	0.614**	-0.089	0.139**	-0.047	0.039	0.094				
10、設定目標	0.683**	0.630**	0.668**	0.006	0.080	-0.022	0.101	0.083	0.700**			
11、作業流程	0.606**	0.561**	0.590**	-0.067	0.117*	-0.041	0.092	0.100	0.069*	0.691**		
12、支援活動	0.538**	0.467**	0.504**	-0.022	0.089	0.009	0.068	0.044	0.669**	0.602**	0.706**	
13、組織行為活動	0.677**	0.593**	0.661**	-0.029	0.052	-0.039	0.139**	0.081	0.672**	0.744**	0.706**	0.690**

註:*p<0.01;**p<0.001

　　模式五就領導策略三項因素加上機關類型因素，對組織績效管理進行分析，結果顯示領導策略三項因素在 $p < 0.001$ 下對組織績效管理乃均具有非常強的預測力，其 β 值與模式一及模式四相同，而機關不同類型對組織績效管理不具有顯著預測力，模式五的可解釋變異量比亦近 0.59。

表六　迴歸分析彙整表

變數名稱	模式一		模式二		模式三		模式四		模式五	
	β值	T值	β值	T值	β值	T值	β值	T值	β值	T值
自變項										
共築願景	0.36	6.99**					0.36	6.93**	0.36	6.94**
挑戰舊習	0.13	3.11**					0.14	3.27**	0.13	3.12*
激勵士氣	0.32	7.35**					0.32	7.36**	0.33	7.37**
受訪者背景										
性別			0.02	0.50			0.01	0.47		
年齡			0.05	1.06			0.07	2.19		
教育程度			-0.50	-1.19			0.03	1.22		
職務			0.09	1.99			-0.02	-0.83		
年資			0.02	0.41			0.03	0.82		
機關類型										
管理／專業機關					0.01	0.21			0.02	0.63
應變項										
績效管理										
R^2	0.5851		0.048		0.001		0.5933		0.5854	
R_A^2	0.5832		0.016		-0.0015		0.5881		0.5828	
F 值	299.02**		2.72		0.04		115.06**		224.15**	

註：*$p < 0.01$；**$p < 0.001$；R_A^2：Adjusted R^2；β值：標準化 β值

四、研究結果討論

根據前述研究分析的結果，就行政首長領導策略、行政機關績效管理活動及領導策略與績效管理間關係討論說明如下：

（一）領導策略相關研究結果

本文首次將 Kouzes 與 Posner（2003）提出的最常見以身作則、喚起共同願景、挑戰舊方法、促使他人展開行動及鼓舞人心等五項領導實務要領，運用在我國中央機關行政首長領導策略的研究，經由本文調查結果之因素分析發現，受訪者認為上述領導因素在我國中央機關可歸併為三項，即共築願景、挑戰舊習及激勵士氣；其次，受訪者認為行政首長重視領導策略的順序分別為共築願景、激勵士氣及挑戰舊習，與 Kouzes 等的實證結果順序為挑戰舊習、共築願景及激勵士氣亦有所差異。這項結果可能與我國行政機關特性有關，一般而言，我國不論是中央或地方機關，乃是一個非常正式結構化的工作場所，規章與政策維繫了整體組織的運作，行政機關長期的考量乃是穩定性及政策順暢的推動，創新改革的重視程度不若企業那麼強烈；且一般公務員在法定保障及法規限制下，只得配合政策依法執行公務，對於行政首長個人領導風格自然不那麼重視。

（二）績效管理相關研究結果

本文採用 Verweire 與 Berghe（2004）提出的整合性績效管理理論，並配合我國中央機關的特性修正後，提出政策價值、目標設定、作業流程、支援活動、評估與控制及組織行為活動等六項績效管理因素，運用在我國中央機關績效管理措施的研究，經由本文調查結果之因素分析發現，受訪者認為上述績效管理可歸併為政策價值、目標設定、作業流程、支援活動及組織行為活動等五項；其次，受訪者認為中央機關重視績效管理活動的順序分別為支援活動、政

策價值、作業流程、組織行為活動及設定目標。從中央機關績效管理實務運作觀點而言，行政機關的績效評估、或方案執行與控制，偏向於組織管理的支援與幕僚領域，而評估過程的激勵及評估結果的獎勵，偏向於激勵措施與活動，這些結果亦頗符合策略績效管理相關理論；至於中央機關績效管理活動重視的順序，這項結果亦與行政機關特性有關，一般而言，行政機關最重視的為預算是否充裕、人力是否足夠及法規是否健全，在政策推動過程中能否得到適時的支援或支持，政策執行的結果能否符合人民的需求及國家的利益。

（三）領導策略與績效管理關係研究結果

　　從表五相關性分析結果顯示，受訪者認為行政首長領導策略之共築願景、挑戰舊習及激勵士氣等三項因素與組織績效管理之政策價值、設定目標、作業流程、支援活動及組織行為等五項因素具有高度的相關；其次，從表六迴歸分析顯示，行政首長領導策略三項因素，無論是個別或是與受訪者背景及機關類型併同對組織績效管理進行迴歸分析，其結果均對組織績效管理具有顯著的影響效果，且其可解釋變異量比均達近 0.59。這項結果顯示，中央機關行政首長領導策略與組織績效管理活動具有高度相關，且三項領導策略均對行政機關績效管理措施產生影響，亦符合 Ulrich 等（1999）認為，有效率的領導者必須將其領導策略與組織績效管理相結合的主張，即績效導向的管理有助於領導者將領導策略轉換為組織的成果。

伍、結論與建議

一、研究發現

　　本文主要為分析我國中央機關行政首長採取的領導策略及行政機關採行的績效管理活動，以及解析行政首長採行的領導策略與組織績效管理活動間的關係，其調查結果重要發現如下：

(1) 本文所調查之行政首長領導策略之共築願景、挑戰舊習及鼓舞士氣三種方式，受訪者普遍偏向肯定的看法，即現任中央機關行政首長已普遍採行此三種領導方式，而行政首長重視的領導策略順序分別為共築願景、激勵士氣及挑戰舊習，且行政首長採取的領導策略不因專業機關或管理機關而有差異。

(2) 本文所調查之行政機關績效管理之政策價值、設定目標、作業流程、支援活動及組織行為活動等五項價值活動，受訪者均持偏向肯定的看法，而中央機關重視績效管理活動的順序分別為支援活動、政策價值、作業流程、組織行為活動及目標設定，且不因專業機關或管理機關而有差異。

(3) 本文所調查的行政首長三項領導策略與行政機關五項績效管理價值活動具有統計上顯著相關性（p＜0.001），即行政首長採取每項領導策略都與中央機關建構的績效管理制度各項活動相關。

(4) 行政首長採取的領導策略或其共築願景、挑戰舊習即鼓舞士氣等三種個別領導方式，對中央機關績效管理均具有統計上顯著的影響力（p＜0.001），且這項結果不因受訪者背景或機關類型不同而受到影響。

(5) 根據 Kouzes 與 Posner（2003）的二十餘年實證調查結果，企業的領導者最優先常用的領導方式為挑戰舊習，而本文

調查三項領導策略發現，行政首長採取的領導策略優先順序分別為共築願景、激勵士氣，然後才是挑戰舊習，由此顯示企業與行政機關的領導方式有所差別。

二、研究限制

本文實證研究以行政院及考試院所屬二級機關為研究對象，受限於行政機關層級及業務性質的差異，調查研究結果之運用恐仍有所偏限。其次，本文研究受到時間及資源的限制，無法就行政機關依層級、性質及組織規模等因素分類調查，且驗証資料皆來自於問卷填答結果，可能受訪者未客觀地填答有所偏誤，以致研究結果受到影響，在所難以避免之處。

三、研究建議

（一）對行政首長領導策略的建議

由研究結果顯示，現任中央首長領導策略較偏重於政策執行面，對於組織創新改革等作法的重視程序略低，建議行政首長在領導過程中，應可加強組織學習及引進企業相關管理作法。

（二）對行政機關績效管理的建議

從研究結果顯示，行政機關受限於法規與預算，橫向監督與管理機關偏多，且偏重內部行政效率及控管作業，長期形成行政機關消極的作為及行政的內耗，仍待行政機關強化組織創新改革文化及活化激勵等措施。

（三）對領導策略及績效管理連結的建議

　　從研究結果顯示，領導策略與組織績效管理活動是一體二面、相輔相成的管理工具，如何連結領導策略與績效管理活動成為行政機關策略管理的價值鏈，應為值得持續發展的一個重要課題。

（四）對後續研究者的建議

　　本文研究對象為行政機關，而多參採企業相關研究工具，研究結果或許會有所偏誤，這些偏誤者在長期研究中將可以降至最低，因此建議未來研究者可進行長期追蹤研究；其次，在研究方法上，亦可考慮輔以專家訪談方式，以提昇研究的效果。

　　（本文原載於政大《公共行政學報》第二十六期，2008 年 3 月。）

參考書目

余致力、陳志瑋（2005）。《績效獎金與行政領導：OECD 國家對台灣的啟發》。發表於行政機關績效管理暨績效獎金制度學術研討會，國立政治大學公共行政學系主辦，台北。

高子梅（譯）（2004）。《模範領導》（Kouzes，J. M. & B. Z. Posner 原著）。台北：臉譜出版社。

Adnum, D. (1993). Establishing the Way Forward for Quality, *"Management Accounting"*, 71(6): 40.

Asch, D. (1992). Strategic Control a Problem Looking for a Solution, *"Long Range Planning"*, 25(2): 105-110.

Avolio, B. J. (1999). *"Full Leadership Development: Building the Vital Forces in Organization"*. CA: Sage.

Bass, B. M. (1985). *"Leadership and Performance Beyond Expectation"*. New York: The Free Press.

Bennis, W.et al. (2001). *"The Future of Leadership: Today's Top Leadership Thinkers Speak to Tomorrow's Leaders"*. New York: John Wiley and Sons, Inc.

Bennis, W.G. & Nanus B. (1985). *"Leaders: The Strategies for Taking Charge"*. New York: Harper and Row.

Blake, R.R. & Mouton, J.S. (1964). *"The Managerial Grid"*. Houston: Gulf.Blau, P.M., 1974, Exchange and powering social life. New York: Wiley.

Bowers, D.G. & S. E. Seashore (1969). *"Leadership"*. In C.A. Gibb (Ed.), CA: Gibb.

Buelens, M., R. Kreitner & A. Kinicki (2002). *"Organizational Behavior: Instructor's Edition"*. London: McGraw Hill.

Buhner, S. H. (1997). *"One Spirit Many Peoples: A Manifesto for Earth Spirituality"*. Niwot, Colorado: Roberts Rinehart Publishers.

Burns, I. M.(1978). *"Leadership"*. New York: Harper& Row.

Curtright, J. W., S. C. Stolp-Smith & E. S. Edell (2000). Strategic Performance Management: Development of a Performance Measurement System at the Mayo Clinic, *"Journal of Healthcare Management"*, 45(1): 58.

Conger, J.A. & Kanungo, R.N. (1988). Behavioural dimensions of charismatic leadership. In J.A.Conger and R.N.Kanungo (Eds.), *"Charismatic leadership"*. San Francisco: Jossey-Bass.

Davis, K. (1972). *"Human Behavior at Work: Organizational Behavior"* (5th ed.). New York: Mcgrae-Hill.

Day, D.V. & R. G Lord (1988). Executive Leadership and Organizational Performance: Suggestions for a New Theory and Methodology, *"Journal of Management"*, 14, 453-464.

Dreachslin, J. L. & J. J. Saunders Jr. (1999). Diversity Leadership and Organizational Transformation: Performance Indicators for Health Services Organizations, *"Journal of Healthcare Management"*, 44(6): 427-438.

Drucker, P.F. (1973). *"Management"*. New York: Harper & Row.

Elenkov, D.S., W. Jidge & P. Wright (2005). Strategic Leadership and Executive Innovation Influence: An International Multi-Cluster Comparative Study, *"Strategic Management Journal"*, 26: 665-682.

Evans, M. G (1974). Leadership. In S. Kerr (Ed.), *"Organizational Behavior"* (pp.230-233). Columbus, Ohio: Grid Publishing.

Fiedler, F. E. (1964). A Contingency Model of Leadership Effectiveness. In L. Berkowitz (Ed.), *"Advances in Experimental Social Psychology"* (pp.149-190). New York: Academic Press.

Fleishman, E. A. (1953). Leadership Climate and Human Relations Training. "*Personnel Psychology*", 6: 205-222.

Friedman, H. H. & M. Langbert (2000). Transformational Leadership: Instituting Revolutionary Change in Your Accounting Firm. "*The National Public Accountant*", 45: 8-11.

Garvin, D. A. (1998). The Processes of Organization and Management, "*Sloan Management Review*", 39(4): 33-50.

Ghiselli, E.E. (1963). Managerial Talent. "*American Psychologist*", 10(18): 631-641.

Gibson, E.J. (1977). How Perception Really Develops: A View From Outside the Network. In Laberge and Samuels, (Eds.). "*Basic Processes in Reading: Perception and Comprehension*" (pp.155-173). Mahwah, NJ: Erlbaum.

Hanlon, J. M. (1968). "*Administration and Education:Toward a Theory of Self-Acutalization*". Belmont, Califoria: Wadsworth Publishing Company Inc.

Hatry, H. (1999). "*Performance Measuremen: Getting Results*". Washington, D. C.: Urban Institute.

Hemphill, J.K. & Coons, A.E. (1957). Development of Leader Behavior: Description Questionnaire. In R. M. Stogdill & A. E. Coons (Eds.), "*Leader Behavior: Its Description and Measurement*" (pp.7). O. H.: Bureau of Research, Ohio States University.

Hersey, P. & Blanchard, K.H. (1977). "*Measurement of Organizational Behavior*" (3th ed). Englewood Ciffs, NJ:Prentice Hall.

Hollander, E. P. & J. W. Julian (1969). Contemporary Trends in the Analysis of Leadership Processes. "*Psychological Bulletin*", 71: 387-97.

House, R. & T. Mitchell (1974). Path-Goal Theory of Leadership, "*Journal of Contemporary Businesses*", 3: 81-97.

House, R. (1977). A Theory of Charismatic Leadership. In Hunt, J. and Larson, L. (Eds.), *"Leadership, the Cutting Edge"*. Carbondale: Southern Illinois University Press.

IdeA (Improvement and Development Agency for local government) (2003). *"Glossary of Performance Teams"*. London: IdeA.

Jackson, P. M. (1995). Editorial: Performance Measurement, *"Public Money & Management"*, 15(4): 3.

Jacobs, T.O. (1970). *"Leadership and Exchange in Formal Organizations"*. Alexandria, Virginia: Human Research Organization.

Jacobs, T. Owen & J. Elliott (1990). Military Executive Leadership. In K. E. Clark & M. B. Clark (Eds.), *"Measures of Leadership"* (pp.281-295). Greensboro, N. C.: Center for Creative Leadership.

Janda, K. F. (1960). Towards the explication of the concept of leadership in terms of the concept of power, *"Human relations"*, 13: 345-363.

Jago, A.G. (1982). Leadership:Perspectives in Theory and Research, *"Management Science"*, 28(3): 315-336.

Kanter, R. M. (1985). Supporting Innovation and Venture Development in Established Companies, *"Journal of Business Venturing"*, 1: 47-60.

Kaplan, R. S. & D. P. Norton (1992). The Balanced Scorecard-Measures that Drive Performance, *"Harvard Businesses Review"*, 70: 71-9.

Kerr, S. & J. M. Jermier (1978). Substitutes for Leadership: Their Meaning and Measurement, *"Organizational Behavior and Human Performance"*, 22(3): 375-403.

Koontz, H. & C. Weihrich (1990). *"Essentials of Management"* (5th ed.). New York: McGraw Hill Book Company.

Kopezynski, M. & M. Lombardo (1999). Comparative Performance Measurement: Insights and Lessons Learned from a Consortium Effort, *"Public Administration Review"*, 59(2): 124-34.

Kouzes, J. M. & B. Z. Posner (2003). *"Leadership Practices Inventory"*. San Francisco: Pfeiffer.

Levine, T. (1994). A Computer-Based Program can Make a Difference: The Case of the Rediscover Science Program, *"Studies in Educational Evaluation"*, 20: 283-296.

Mintzberg, H. (1985). The Organization as Political Arena, *"Journal of Management Studies"*, 22(2): 133-154.

Morphet, E. L., R. L. Johns & E. L. Reller (1982). "Education Organization and Administration". New Jersey: Prentice-Hall.

Neely, A. D. (1998). *"Measuring Business Performance: Why, What and How"*. London: Economist Books.

Nunnally, J. C. (1978). *"Psychometic Theory"*. New York: McGraw-Hill.

OECD (1994). *"The OECD Jobs Study: Evidence and Explanations"*. Paris: OECD.

OECD (2001a). *"Developments on Human Resources Management in OECD Member Countries"*. Paris: OECD.

OECD (2001b). *"Public Sector Leadership for the 21 Century"*. Paris: OECD.

Parry, K. (2000). Does Leadership Help the Bottom Line, *"New Zealand Management"*, 47: 38-41.

Podsakoff, P. M., S. B. Mackenzie & W. H. Bommer (1996). Transformational Leader Behaviors and Substitutes for Leadership as Determinations of Employee Satisfaction, Commitment, Trust, and Organizational Citizenship Behaviors, *"Journal of Management"*, 22(2): 259-298.

Porter, M. E. (1980). *"Competitive Strategy"*, New York: The Free Press.

Preble, J. F. (1992). Towards a Comprehensive System of Strategic Control, *"Journal of Management Studies"*, 29(4): 391-409.

Richards, D. & S. Engle (1986). After the Vision: Suggestions to Corporate Visionaries and Vision Champions. In J. D. Adams (Ed.), *"Transforming Leadership"* (pp.199-215), Alexandria, V.A.: Miles River Press.

Robbins, S.P. (1990). *"Organization Theory: Structure, Design and Applications"* (5th ed) Englewood Cliffs, NJ:Prentice Hall.

Robbins, S. P. (1994). *"Organizational Behavior"* (3rd ed.). New Jersey: Prentice Hall, Inc.

Roush, C. H. & B. C. Ball (1980). Controlling the Implementation of Strategy, *"Managerial Planning"*, 29(4): 3-12.

Saltmarshe, D., M. Irel & J. A. McGregor (2003). The Performance Framework: A Systems Approach to Understanding Performance Management, *"Public Administration & Development"*, 23(5): 445-456.

Sashkin, M. (1988). The Visionary Leader. In J. A. Conger & R. N. Kanungo (Eds.), *"Charismatic Leadership: The Elusive Factor in Organizational Effectiveness"* (pp.122-160), San Francisco: Jossey-Bass.

Schreyogy, G. & H. Steinmann (1987). Strategic Control-a New Perspective, *"Academy of Management Review"*, 12(1): 91-103.

Shamir, B., R. House & M. B. Arthur (1993). The Motivational Effects of Charismatic Leadership: A Self-Concept Based Theory, *"Organizational Science"*, 4(4): 577-594.

Stogdill, R. M. (1948). Personal Factors Associated with Leadership: A Survey of the Literature, *"Journal of Psychology"*, 25: 35-71.

Sureshchandar, G. S. & R. Leisten (2005). Insight from Research Holistic Scorecard Strategic Performance Measurement and Management in the Software Industry, *"Measuring Business Excellence"*, 9(2): 12-29.

Szilagy, A. D. & M. Wallace (1983). *"Organizational Behavior and Performance"*. Glenview, I.L.: Scott, Foresman.

Tannenbaum, R., I. R. Weschler & F. Massarik (1961). *"Leadership and Organization"*. New York: Mcgraw-Hill.

Thompson, A. A. & A. J. Strickland Jr. (2001). *"Strategic Management: Concepts and Cases"* (12th ed.). Irwin: McGraw-Hill.

Ulrich, D., J. Zenger & N. Smallwood (1999). *"Results-Based Leadership: How Leaders Build the Business and Improve the Bottom Line. Retrieved 12 10, 2007"* from http://www.leadership andchangebooks.com/Leadership-and-Change-Books/Results-Based-Leadership.htm

Verweire, K. & L. Van den Berghe (2003). Integrated Performance Management: Adding a New Dimension, *"Management Decision"*, 41(8): 782-790.

Verweire, K. & L. Van den Berghe (2004). *"Integrated Performance Management"*. London: Sage Publications.

Vroom, V.H. & Yetton, P.W. (1973). *"Leadership and Decision-Making"*. Pittsburgh: University of Pittsburgh Press.

Yukl, G. A. & W. Nemeroff (1979). Identification and Measurement of Specific Categories of Leadership Behavior: A Progress Report. In J. G. Hunt & L. L. Larson (Ed.), *"Crosscurrents in Leadership"* (pp.164-200). Carbondale, Illinois: Southern Illinois University Press.

Yukl, G.A., (1989). *"Leadership in Organizations"* (2nd ed.). New Jersey: Prentice-Hall.

附表

附表一　領導理論發展情形彙整如下表

區別	特質論者	行為論者	情境論者	魅力論者	實踐論者
年代	1930~1940	1940~1960	1960~1970	1980~1995	1990 以後
學者	· Stogdill (1948) · Gibson (1977) · Ghiselli (1963)	· Fleishman (1953) · Blake 與 Mouton (1964)	· Fiedler (1964) · House (1977) · Vroom 與 Yetto (1973) · Hersey 與 Blanchard (1977)	· Conger 與 Kanungo (1988) · Bass (1985) · Robins (1994) · Sashkin (1988)	· Davis (1972) · Ulrich 等 (1999) · Kouzes 與 Posner (2003)
重要理論	· 特質理論	· 領導行為——體恤與主動結構 · 領導方式——員工與生產導向	· 權變模式 · 路徑目標理論 · 領導者參與模式 · 情境領導模式	· 魅力型領導理論 · 交易型領導理論 · 轉換型領導理論 · 願景式領導理論	· 領導者能力 · 領導者條件 · 領導者實務要領
重點主張	領導者有某些與生俱來的才能或特徵。	認為有效的領導可以從特定而能被觀察出來的行為區分出來。	有效領導必須為領導者本身的變數與情境變數相契合。	強調領導者本身的魅力以及對追隨者的影響。	強調領導者必須具備的條件與領導統御的能力。領導能力是歷練與學習出來的。
評述	學者發現並沒有可信、一致的領導特質存在，想要訂出一組理想而放諸四海皆準的領導特質是不可能的。（Stogdill，1948）	無法成功確認領導行為的型態與團體績效間一致性關係。未考慮到被領導者的狀況及環境條件的變化。	領導者都同時面臨一連串複雜而快速環境變化，領導者能否擁有多樣行為組合，來面對錯綜複雜的組織情境，仍是疑問。	甚於利用權力與情境等有利因素，激發員工求新求變的意願與能力（Bennis & Nanus，1985）。成功領導者能否具有共同魅力，仍未證實。	領導者能力是必須具備的，可以經由學習而成長；可適應不同類型組織與環境快速的變化。

資料來源：本研究整理

附表二　績效管理理論發展情形彙整如下表

區別	績效評估	績效管理	策略績效管理
定義	績效評估係指一個組織為其特殊目的,選擇適當的績效指標,針對評估標的(組織、政策、個人)進行執行過程與結果的評量,以引導組織績效目標的達成。	績效管理係指組織對其有助於績效的活動,採取一套有系統的管理方法,以達成組織整體的績效目標。而組織績效活動包括目標設定、作業流程管理、激勵與溝通、鼓勵創新與學習、建立績效標竿及績效評估等。	策略績效管理係指組織管理以策略為核心,結合組織的資源與作業流程,採取一系列有效管理活動,包括策略規劃、目標設定、作業流程管理、支援系統建構、激勵與獎酬制度、鼓勵創新與組織學習、建立績效標竿、績效評估及風險管理等,以創造組織價值及達成組織績效目標。
年代	一九七〇年代	一九八〇年代以後	一九九〇年代以後
重要學者	· Drucker (1973) · OECD (1994) · Robbins (1990)	· Adnum (1993) · Saltmarshe 等 (2003)	· Kaplan 與 Norton (1992) · Thompson 與 Strickland (2001) · Verweire 與 Berghe (2004) · Sureshchander 與 Leisten (2005)
重要理論	3E 模式	管理系統活動 績效管理特徵	平衡計分卡 策略管理五大任務 整合績效管理(IPM) 全方位計分卡(HSC)
重點主張	· 以績效評估引導決策與產出。 · 強調成果導向。	· 強調目標設定及系統流程活動管理。 · 強調過程與結果並重。	· 強調願景與策略引導、規劃與執行結合。 · 注重長期目標與多元績效。 · 結合策略、資源與流程管理。
評述	· 過於強調最後結果的績效,容易產生只注重短期績效,而忽略組織長期發展。 · 績效是規劃與執行出來的,而不是評估出來的。	· 缺乏整合績效活動流程管理。 · 在資源引導限制下,組織必須要有願景與策略引導。	· 為目前學者運用在績效管理及績效評估相關研究的趨勢。

資料來源：本研究整理

附表三　領導策略與組織績效管理相關性彙整如下表

績效管理＼領導策略	政策價值	目標設定	作業流程	支援活動	評估與控制	組織行為
以身作則	領導者必須釐清自己的價值觀，然後結合組織行動的共同價值觀。	領導者必須根據組織願景、使命及任務，帶領追隨者共同設定未來明確的目標。	領導者必須為一創新改革者的角色，不斷詢問組織各項作業流程什麼可以繼續改進。	領導者能夠確實掌握組織的資源，適時給予部門或員工必要的支援。	領導者必須確立組織做事的標準，樹立楷模，以身作則。	領導者經常鼓勵員工團隊合作，並親自參與，以為表率。
喚起共同願景	領導者除將組織價值觀化為願景外，並將組織願景廣為宣達，讓員工都能知悉。	領導者應將組織目標化為部門、個人目標，鼓勵員工採取行動，共同達成組織目標。	領導者鼓勵員工創新改革，持續改善做事方法，共同朝向組織願景努力。	領導者應承諾部門或員工適配的資源，以配合組織願景與目標的達成。	領導者應以組織願景與目標建構組織、部門及個人績效指標，以作為評估的依據。	領導者應鼓勵發揮團隊精神及跨部門間合作，以產生組織綜效。
挑戰舊方法	領導者必須不斷尋找新的機會，以創新促進組織的變革。	領導者必須與員工共同設定組織、部門或個人具有挑戰性目標，帶動組織向前進。	領導者必須不斷鼓勵員工挑戰原來做事的方法，改善工作流程。	領導者應充分掌握資源，作充分彈性的調度，並引進外部資源協助業務的發展。	領導者除建構組織績效評估或評量制度外，應引導組織以學習代替評估，以問題解決代替管制。	領導者應建構組織分層負責體制，授權部門或團隊直接處理緊急事務。

| 促使
他人
展開
行動 | 領導者應與員工共同創造組織的願景，分享政策的價值觀，讓員工覺得工作是有意義的。 | 領導者應鼓勵員工共同參與組織及部門目標的設定，提升員工參與感。 | 領導者應鼓勵員工提出工作的創意及作業改善建議，並付諸行動。 | 領導者應適時給予員工後勤的支援，讓員工在業務推動上得到適當的支持。 | 領導者除對員工在業務推動遇到困難，給予適當的支持外，並建立組織或個人績效獎勵制度。 | 領導者必須經常與組織員工交流互動，鼓勵員工配合團隊的行動。 |
| 鼓舞
人心 | 領導者能夠建構讓員工信服的政策，讓員工體認工作的意義及未來的希望。 | 領導者能夠提出激勵人心的組織目標，讓員工樂意奉獻個人能力與智慧。 | 領導者對於部門或員工提出具價值的創新改善措施，應給予適時的鼓勵或表揚。 | 領導者應主動為部門或員工解決業務困難的問題，共同分享員工的榮耀。 | 領導者應建構與績效結合的評估制度，誠懇的舉辦公開表揚或成果發表會，表彰有功人員。 | 領導者經常向有功員工致上感謝，並對員工發自真心的關懷。 |

資料來源：本研究整理

第二章　行政機關績效評估制度

壹、緒論

　　一九八○年以來，世界各先進國家面對整體環境變化，紛紛投入政府再造與行政革新，藉以提升政府績效（陳英明等，民 88 年，頁 1）。例如美國柯林頓總統就任後，便指定副總統高爾（Al Gore）組成改革委員會，於一九九三年發表了「國家績效評估報告」（The Report of National Performance Review，NPR），而一九九三年通過「政府績效與成果法」（Government Performance and Result Act of 1993，GPRA），將政府績效評估帶向法律層次；英國在一九七九年佘契爾夫人的主政時期，推動效率稽核（Efficiency Scrutiny）、財務管理改革方案（Financial Management Initiative，FMI）及續階改革（Next Step Program），而一九九一年梅爾繼任首相後，更提出「公民憲章」（Citizen's Charter）的改革計畫；而紐西蘭自一九八四年開始進行「行政文化重塑運動」。各國政府在改革過程中，均以建立績效指標與評估制度，作為政府部門努力的目標，以提升其國家競爭力。

　　台灣自七十六年解除戒嚴以來，隨著政治的民主化，現階段政經與社會結構的轉型，無可避免地必然衝擊政府機關的運作；傳統的「治者」與「被治者」的上下關係，已經隨著政治民主化、社會多元化與經濟自由化的來臨，而不得不轉型為「消費者」與「生產者」之間的平等關係（陳英明等，民 88 年，頁 2），以顧客為導向的文官體系，促使政府必須積極回應民意與社會發展的需求。

　　尤其是在進入二十一世紀之際，國際局勢風起雲湧，變化劇烈，新的挑戰紛至沓來；國內政、經建設與快速變遷的多元社會，也面

臨更大的考驗。簡言之，政府角色必須重新定位，以往官僚主義
（Bureaucratism）為導向的層級限制，必須蛻變成彈性靈活、競爭
導向的行政組織，並以績效管理（Performance Management）、品質
管理（Quality Management）及電子化政府（Electronic Government）
等措施，應用於政府部門公務的設計與執行，才能建立一個與時俱
進、更具前瞻性的政府體制及運作架構，引導國家邁向全面現代化。

　　政府績效的展現，必須依靠政策規劃、執行與評估的管理過程。
而績效評估為管理過程中重要機制，經由績效評估建立回饋系統，
可有效地達成良好的管理循環，進而改善資源之使用效率，提高管
理績效。因此，行政機關績效評估制度的建立，為一重要且歷久彌
新的課題。

　　我國行政機關績效評估制度之建立，開始於民國四十年實施之
行政院所屬機關考成辦法，民國五十八年行政院研究發展考核委員
會成立，專責行政革新及辦理行政機關考成業務。在制度演變過程
中，大致歷經實地考核時期、書面及重點考核時期、擴大考核項目
時期及施政重點項目考核時期四個階段，每個階段考核的內容、方
式及評估指標都有所變化。以現行的行政機關績效評估制度而言，
其評估內容以行政院列管計畫與行政院會議決議事項及院長重要會
議指示事項為主；其評估指標由行政院研考會統一頒布供各機關參
考使用；其考核方式採執行機關（單位）自評、主管機關初評及行
政院複核方式辦理。上述制度的實施，仍讓外界及行政機關認為考
核結果無法代表行政機關績效、評估指標效度與信度存疑、評估方
式過於繁複。因此，如何因應政府再造與改革，建立一個有效、簡
便、可行的行政機關績效評估制度，以引導政府部門走向現代化管
理，為現階段值得研究的課題。

　　本研究係經由組織及績效評估理論的探討，找出行政機關績效
評估的架構，再參照美英兩國績效評估作法，期望建立具效度與信

度的評估指標，透過公開、透明的評估過程，合理反應行政機關績效，以達到政府部門改革的目的。其具體目標說明如下：

(1) 依據組織理論，以系統的觀點融合策略管理與作業管理，建立行政機關績效評估架構。

(2) 依據建立之績效評估架構，界定衡量行政機關之績效評估指標。

(3) 運用資訊科技，建立公開、透明及自我管理的績效評估制度。

(4) 透過績效評估制度的建立，引導行政機關走向現代化管理，提昇政策執行績效。

　　本文主要目的在建構一個有效、可行且簡便的行政機關績效評估制度，釐清評估制度中之評估面向、評估內容、評估方法及評估指標等因素，以解決現行績效評估制度存在的問題。而一個績效評估制度的建構，首先必須考慮到底進行一項評估要投入多少人力、經費與資源，也就是行政成本的問題，這也將影響到最後評估的結果及其運用。其次，建構一個績效評估制度亦必須考量評估規範、評估對象、評估組織、評估內容、評估指標及評估方法六者間相互關係。其中評估規範、評估對象及評估組織三者變動性較小，而評估內容、評估指標及評估方法三者會受到前面三者及相互間影響。其相互關係如圖一，並分析如下：

(1) 評估之成本投入：係指建構一個績效評估制度前，必須考量評估範圍及對評估對象干擾的大小，以及投入多少人力、經費及資源，可以達到預期的評估目的。

(2) 評估規範：係指訂定之行政機關績效評估的相關法規，將會規範評估內容、評估方法及評估指標等原則。

(3) 評估對象：係指評估的標的，到底要評估組織、政策或個人，因評估對象不同，其評估之內容、指標及方法亦有不同。

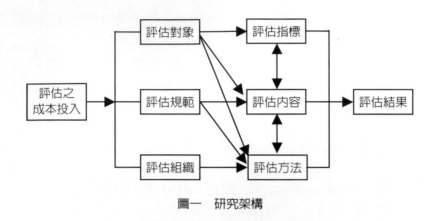

圖一　研究架構

(4) 評估組織：係指評估者，到底是內部評估或外部評估，或是組織中那一個層級負責評估，其使用的評估方法將有所不同。

(5) 評估內容：係指用什麼內涵來評估一個所要評估的標的，例如評估一個行政機關用什麼來代表該機關績效，常會受到評估規範、對象及評估者影響，而內容、指標及方法間亦會相互影響。

(6) 評估指標：係指評估一個標的（組織或政策）的基準，常用有效率或效果等指標，隨著評估規範、對象、內容及評估者而變動。

(7) 評估方法：係指用什麼方式來評估一個標的，亦會隨著評估規範、對象、內容及評估者而採用不同的評估方法。

(8) 評估結果：係指評估一個標的最後的結果，與前述七者都有密切的關係，而評估的結果亦可運用於組織的激勵，或回饋組織與政策作適當的調整。

貳、績效評估制度理論之探討

一、績效評估基本概念

（一）績效評估的意義

十多年前影響頗大的暢銷書《追求卓越》內，兩位作者觀察到，美國成功頂尖企業的十大要訣之一就是「生產力源自員工」的法則，為其員工有生產力、作法上除了從尊重員工出發外，管理層次也需要強調強硬的一面，即讓員工瞭解到「快樂衡量和績效導向」的管理（Peters & Waterman，1982，p.240）。

工作績效必須加以評量，經由評量並公告，可以良性循環地刺激更多的努力追求績效。余朝權教授指出，他所做的生產力研究結果發現，「凡是已開始衡量自己生產力的企業，其生產力也比較高。……也就是說，工作成果回饋給人們知道時，可激勵人們更加用心工作，追求更高的生產力」（余朝權，民 85 年，頁 79），他稱生產力第一原理就是「沒有衡量，就無法進步」。

無獨有偶地，David Osbome 和 Ted Gaebler 在暢銷書《政府再造》中也特別呼籲要建立績效評估制度，強調即使沒有獎勵，僅是將成果發佈也會改變整個機構組織，因為績效衡量可以發揮幾項有用的功能（Osbome&Gaebler，1992，pp.146-155；另參見 Osbome & Plastrik，1997：chapter5）：

・衡量什麼，什麼就會被做好。
・不測量結果，就無法知道成敗。
・不知道什麼是成功，就無法獎勵。
・不獎勵成功，可能就是在獎勵失敗。

．不知道什麼是成功，就無法獲取經驗。

．不瞭解為何失敗，就無法鑒往知來。

．能證明有績效結果，就能贏得民眾支持。

因此，績效評估的意義是多重的，除了激發追求成功的意念外，也藉以學習失敗教訓。

（二）績效評估與管理策略的關係

績效評估必須和組織的管理策略相結合，並藉以引導組織成員的努力方向，以及組織財政資源的配置。所以，為清楚了解組織發展方向與目的，對於探討策略管理、績效管理與績效評估是必要的。

1、策略管理

策略管理是結合規劃、執行和評估的管理過程，在邁向組織發展的遠景過程，運用系統性方法來釐清和推動必要的改革，以及衡量組織績效的管理，其模式如圖二所示。策略規劃雖然是很重要的一環，但是策略有效執行和衡量與評估結果，再提供策略重新規劃也是不可欠缺的。策略管理首重釐清目標與預期成果，然後重視預先規劃如何達成目標的工作策略與方案，最後並且重視如何衡量目標是否達成與評估。

美國政府的績效管理也是根據策略管理而運行。策略管理必須成為引導績效管理的依據，以免「產出或結果」的選擇不能和組織存在與發展的核心目的密切結合。

2、績效管理

績效管理係指對於公共服務或計畫活動的結果進行系統性的評鑑過程。要進行有效績效管理應包含下列七個項目（何志浩、沈碧華等，民 88 年，頁 6-11）：

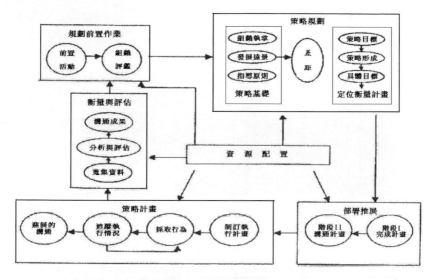

圖二　策略管理模式

資料來源：Department of Navy Total Quality Leadership Office, Strategic Management for Senior Leaders: A Handbook for Implement, (1996)

（1）制訂宗旨（Articulate a Mission）：宗旨和目標之間是有差別的。例如環保機關之宗旨是保持河流及空氣之清潔，目標是今年清理 100 個河道。

（2）建立目標（Establish Goals）：如果只有宗旨，沒有目標，則無法測量機關的宗旨是否實現；假如只有目標沒有宗旨，僅瞭解今年的目標達成，但沒有整體宏觀的把握。

（3）個人擔負追蹤績效的責任（Monitor Performance personally）：管理部門無論大小都應定期對目標項目進行追蹤，以了解目標進展是否順利。

（4）建立組織能力（Create Organizational Capacity）：戴明（Daming）說過，管理人員常制訂目標，沒有為員工提供

很好的能力（如設備、資金、學習技術）（何志浩，沈碧華
等，民 88 年，頁 8）。所以要進行績效管理，一定要為員工
提供能力。

(5) 提供獎勵制度（Reward Success）：在私人部門多採物質獎
勵；政府部門多採精神獎勵，透過獎勵制度使部門之間相
互學習。

(6) 防止欺騙（Be Vigilant to Cheating）：這裡所稱「欺騙」是
指有些部門雖然完成目標但未完成宗旨，例如環保局之宗
旨為保持清潔的水源，目標是清理 100 個河道，則可能清
理很小的河道，但對完成機構之宗旨卻沒有太大幫助。

(7) 準備改變（Be Prepared to Change）：如果發生第六項所說的
欺騙，則上面五項就必須作出改變，可以改變其中任何一
項，例如修改宗旨或目標、加強監督、加強機構的能力、
利用獎勵制度鼓勵等。

3、績效評估

績效評估係指一個機關試圖達成某項目標，如何達成目標與是
否達成目標的系統化過程；基本上，績效評估是任何利用追蹤與評
估組織績效的過程。績效評估是為了解一個機關的工作項目執行的
「效果」和「效率」如何的過程。

管理大師彼得杜拉克（Peter Drucker）認為「效率」即是把目前
正在進行的任務做得更好，其意謂著「把事情做好」（doing things
right）；「效能」則為成功的根源，亦即「做對的事情」（doing the right
thing）。羅賓斯（Robbins）認為效能在追求組織目標之達成。效率
則在於強調投入與產出間的關係，同時尋求資源成本之最小化。因
為組織的資源是有限的，所以效率問題便為管理階層所重視；然而
效率與效能兩者之間，具有相互關聯的關係。當管理者以一定的投
入生產出更多的產出，或以較少的投入生產出一定的產出時，我們

可以稱之為有效率；當管理者達成組織所設定的目標時，我們則稱
之為有效能。所以效率的追求著重於方法（means）之使用，而效能
的追求則為結果（ends）之衡量。因此，管理者除了考慮如何達成
組織之目標外，更需注意到的是結果（outcomes），如圖三所示。

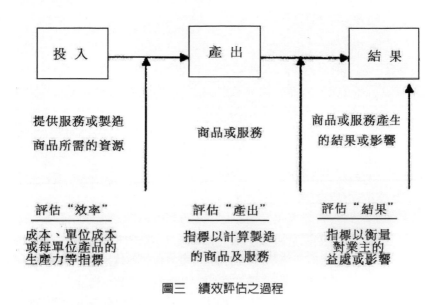

圖三　績效評估之過程

資料來源：何志浩等（88 年）

　經由績效評估可產生以下五種功能：
（1）評估（To Evaluate）：經由績效評估後可了解一個機構成功
　　　與否。
（2）學習（To Learn）：利用評估的過程來發現或學習工作中的
　　　經驗或教訓。
（3）激勵（To Motivate）：使大家有一種緊迫感，希望將事情
　　　儘快作好。

（4）推展（To Promote）：有了評估結果就可以向公眾和立法機
　　　關說明機關的執行成效，以爭取預算。
（5）慶祝（To Celebrate）：使員工因目標明確而圓滿完成工作
　　　後，有一種勝利感，有助於未來更努力工作。

（三）績效評估成功要件

根據美國國會會計總署（US General Accounting Office，GAO）
的調查，績效評估成功的要件為（何志浩等，民 88 年，頁 13-14）：

（1）適時提供清晰的績效資料：許多聯邦機關實施績效管理的
　　　經驗顯示，各機關的領導者與資深管理者對於提供績效資
　　　訊有相當疑慮，特別是當這些資料準備對外公佈時，各機
　　　關的首長大都持著相當的疑慮。如果該績效資訊與資源的
　　　配置有相當關係，則提供資訊對於他爭取預算有所障礙，
　　　而不願意提供正確資訊。
（2）績效資料之蒐集具有誘因：績效管理涉及機關的任務、策
　　　略規劃、策略目標、預算編列、績效指標等工作，這一繁
　　　複的過程如果沒有提供強有力的誘因，事實上很難推動績
　　　效管理活動。他們需要接受有關績效管理的訓練。
（3）具有熟練技巧的績效管理：五分之二的聯邦官員認為他們
　　　需要接受有關績效管理的訓練。他們需要的知識與技巧包
　　　括：策略規劃、組織文化改變的技巧、面對多元利害關係
　　　人的諮詢與妥協技巧、績效衡量的分析與報告方法、提供
　　　有效資料的資訊系統、計畫活動的成本分析法、激勵員工
　　　使用績效指標資料的方法、績效預算等。
（4）具有公正權威的績效管理者：到底負責推動績效管理的聯
　　　邦管理者，是否有足夠的權威決定那些項目應該建立績效
　　　指標？調查顯示少於半數的官員有這樣的決策權，多數是

沒有擁有這種權威性。因此，為使績效管理有效推動，對
於績效管理者要有公正的權威性。

(5) 最高決策者高度認同與支持：績效管理如果沒有最高決
策者的支持與認同，無論績效管理者如何努力，都將不
會有明顯的成效。

(6) 培養互信與自主的組織文化：績效管理可以是一種學習的
動力，但也可以是一種懲罰的措施；關鍵就在於如何培養
實施績效管理的互信與自主的組織文化。

二、績效評估方法之類型

羅賓斯（Robbins，1990）整合過去學者的理論模式，而提出評
估組織效能之方法主要為目標達成法（Goal-attainment Approach）、
系統法（Systems Approach）、策略顧客法（Strategic-constituencies
Approach）及競爭性價值（Competing-values Approach）（黃旭男，民
87年，頁9-14）。謹簡要說明如下：

（一）目標達成法（Goal-attainment Approach）

目標達成法係依據目標的達成程度來評估組織之績效，其評估
之一般準則即建立在組織所欲達成之目的或產出上，因而此方法之
運作係以目標之可測性為前提。由於描述組織目標之最終準則
（ultimate criterion）通常是不易衡量的，因此方法之使用可依據最
終準則研擬以產出或結果表示之次最終準則（penultimate
criterion），此一層次之準則彼此間具有取捨（trade-off）關係，準則
間應力求互相獨立。若次最終準則可予以衡量，則將這些準則加權
組合即可評估最終準則之達成程度。但實際上欲研擬具有取捨關係
且互相獨立之次最終準則，則必須達成組織目標之某些過程或狀
態，用以描述這些過程或狀態之附屬變數（subsidiary variables）其
數目較多。目標達成法概念性架構可以圖四表示之。

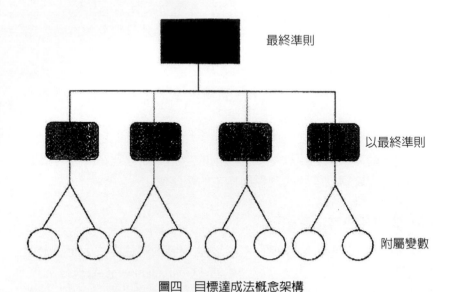

圖四　目標達成法概念架構

資料來源：Robbins（1990）

（二）系統法（Systems Approach）

系統法係將組織視為一種系統架構，獲取投入、經過轉換過程並產出。組織目標的重點除了產出部分外，也應該獲取投入／處理過程／輸出管道，以及維持穩定與平衡方面的能力加以評估；因此，強調組織效能的評估準則應包含對於長期生存的考慮。此法乃是假設組織由內部次集合組成的，次集合的績效不佳將會對於組織整體的績效有負面影響；此外，效能必須考慮外部環境中的顧客並與其保持良好互動關係，尤其是那些有力量影響組織穩定營運的團體或個人；因為組織生存有賴於穩定補充所消耗的資源，所以重視與環境間的關係，以確保組織能持續獲取資源及有利的生存條件。

圖五 系統法架構

資料來源：Robbins（1990）

　　系統法係同時以手段及目的來評估組織之績效。由系統的觀念來看，組織獲取資源並透過轉換過程而產生，因而可將組織績效以組織這個系統能為環境所提供的服務或產品之數量，和由於這些服務或產品使得組織能繼續從環境中獲取足夠且適當的投入來加以描述。系統法如圖五架構。

（三）策略顧客法（Strategic-constituencies Approach）

　　策略顧客法認為有效能的組織必須能滿足某主要顧客的需求，以獲得組織持續生存所必須的支持。此法有些類似系統法的觀點，但是並非考慮所有的環境因素，而是只有考慮那些在環境中會影響組織生存的因素。此法假設組織是既得利益者競爭資源的競技場，因此組織效能是評估組織能否滿足那些賴以維生的關鍵顧客，這些顧客各有其獨特的價值觀。

　　策略顧客法係以組織對其主要顧客需求的滿意程度來評估組織績效。策略顧客法將評估重點置於組織賴以生存之支持者上，因而如何衡量支持者主觀的滿意程度，實為使用此方法之關鍵所在。

（四）競爭性價值法（Competing-values Approach）

　　競爭性價值法評估組織的準則依評估者及其所代表的利益而定，因此對於準則重要性的排列結果，將能夠反應評估者的價值觀，而非所評估之效能。其基本的假設是組織效能並沒有所謂的最佳準則，所以對於組織效能的觀念與評估者所選定的目標是基於評估者個人的價值、偏好與利益；而這些不同的偏好取向可加以整合與組織，產生競爭價值基本組合。學者以多重向度分析得出評估組織績效之空間以供評估者思考，其主要向度為反映成果之目的——手段，這些向度對組織績效評估指標之選擇有釐清及整合的作用。

　　競爭性價值法認為評估組織效能的準則基本上可區分成三類競爭價值（圖六）（Ouinn & Cameron，1983）：

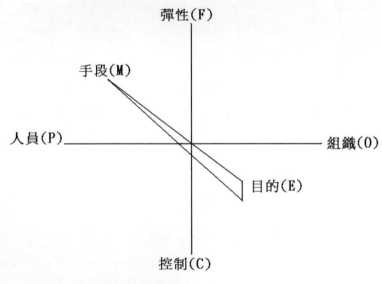

圖六　組織效能三個構面模式

資料來源：Ouinn & Cameron（1983）

第一類：與組織結構有關之競爭性價值

從強調「彈性」（flexibility）到強調「控制」（control）。這個彈性／控制構面反映出存在組織中創新、適應力、變革的價值與職權、秩序、控制的價值之間的衝突。

第二類：與組織哲學有關之競爭性價值

從強調「員工的發展」到強調「組織的發展」。這是存在組織中關心員工的感覺、需求與關心組織的生產力、目標之間的衝突。

第三類：與組織之「目的」與「手段」有關之競爭性價值

從強調「處理過程」到強調「最終結果」。組織應以長期性準則（手段）與短期性準則（目的）來評估其績效。

三、績效評估指標之理論

（一）績效評估指標的意義

管理大師 Peter Drucker 曾指出：「管理工作的基本要素之一就是衡量與評估，管理者建立衡量尺度，對於組織成員之績效而言，很少有其他因素如此重要」（Drucker，1973）。其中建立衡量尺度所指的就是建立評估標準與衡量模式，也就是所謂績效衡量（Performance Measurement）與績效指標（Performance Indicators，Pls）體系的建立。而績效衡量與績效指標事實上是互為因果的，由於政府績效衡量的困難性使績效指標不易設計，如缺乏有效的績效指標將使績效衡量難以進行。「經濟合作與發展組織」（OECD）的會員國均認為，績效衡量的主要目的為提供較佳的決策與改善整體的產出結果，且其為公部門現代化與行政革新的關鍵要素。（OECD，1994，pp.13-17）同時，自 1980 年以來，績效指標乃公共服務的焦點所在，適當的 Pls 設計已成為有效績效管理系統的必要條件（Rose&Lawton，1999，p242）。近年來以「績效」作為政府再造的核心價值已成為當

代政府的共識，而評估績效的優劣與否端賴有效的績效指標設計與運用。OECD 在檢視其會員國進行績效管理的努力時，曾對績效指標定義為：「對績效從事量化衡量，對績效是否恰當提供表面上的標示」；除此之外，Cartor&Greer 更指出績效指標乃執行非干涉控制（hand-off control）以及課以機關責任的工具，它亦是目標設定機制的核心，更是資源分配的管道（孫本初，民 89 年，頁 60）。換言之，一個理想的績效指標本身除作為一種評估工具之外，它也應能夠正確且具體的反應組織的目標以及應負的責任。

（二）建立績效評估指標的原則

　　Carter，Klein&Day（1992）引用系統論的觀點認為如欲建構績效管理模式，在概念上可從投入（input）、過程（process）、產出（output）與結果（outcomes）四個層面加以分析，分述如下：（許道然，民 88 年，頁 63-64）

1、投入：係指組織活動所需的資源，包括人員、設備與消耗品等；
2、過程：係指組織傳送服務的路徑與方式；
3、產出：係指組織的活動及所製造出的財貨與服務；
4、結果：係指每一個產出對於接受者所產生的衝擊與影響，包括中介結果與最終結果。

　　Talbot（1999，pp.16-17）以一簡化的公共績效模型（simple public performance model）表示上述四層面的關係（見圖七），並認為此模型的焦點在於：

1、投入與產出間的效率問題；
2、減少投入的成本；
3、合法的過程（due process）與公平性（equity）；
4、評估投入、產出與結果的關係。

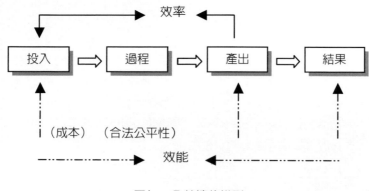

圖七　公共績效模型

資料來源：Talbot（1999）

　　綜合上述的分析可得知，組織的績效建構在概念上分為兩大層次，一為組織本身的活動：即投入與產出的過程；二為組織標的對象：即對服務接受者所產生的影響與效果而言。雖然系統論中的輸出輸入模式多少可以反映組織活動的績效，但許多組織卻樂於使用具體的概念來建構其績效指標，其中最常見的為所謂的 3 E 模式，亦即「經濟」（economy）：考量投入成本與資源、「效率」（efficiency）：考量產出與資源、「效能」（effectivoness）：考量產出與結果。此外尚有論者主張其他的 Es，如「公平」（equity）、是否具備「企業家精神」（entrepreneurship）、「功效」（efficacy）、「資格條件」（electability）、「卓越程度」（excellence）、「倫理」（ethios）等（Mayne，1999，p.5）。

　　任何一個機構在從事績效衡量前均需考量幾項步驟，分別為：所要蒐集的資料為何？如何蒐集？應使用何種標準與指標？資料如何分析以及報告如何提出等（Halachmi&Bouckaert，1996，pp.2-3）。其中最具困難之處為績效指標的設計與如何選擇適當的指標。

Jackson 指出理想的績效指標應符合下列標準：（Jackson，1988，
pp.11-16）

1、一致性（consistency）：係指組織進行衡量時在時間及標準上
　應有相同的基礎；

2、明確性（clarity）：係指績效指標應定義明確且易於瞭解；

3、可比較性（comparability）：指標衡量的結果可以加以比較，
　方能達成評估優劣的目的；

4、可以控制（controllability）：係指衡量範圍須為管理者可以控
　制的職權範圍內；

5、權變性（contingency）：係指績效指標的設計須考量內外在環
　境的差異性，並隨環境的變化作適當的調整；

6、有限性（boundedness）：係指指標須有一定的範圍且集中在有
　限數量的指標上（亦即指標的數量應極小化）；

7、全面性（comprehensiveness）：指標的衡量須涵蓋管理中所有
　面向；

8、相關性（relevance）：係指建立績效指標所使用的資訊須正確
　且能衡量出特定的需求與情境；

9、可行性（feasibility）：係指績效指標能為組織中各級成員接
　受，符合組織文化。

　　除了上述原則之外，Rose&Lawton（1999，pp.244-245）認為良好
的績效指標尚須具備信度（reliability）、效度（validity）、時限性
（timeliness）、敏感性（sensitivity）和成本效益（cost-effectiveness）等。

（三）有效績效指標具備的條件

　　Likierman 根據一項為期三年的研究計畫，訪查了公部門中五百
位中高階主管運用績效指標的實務經驗，提出了二十項值得借鏡之

處（lessons）與建議，頗具參考價值。為了便於分析，其將結果分成四大層面加以說明，分述如下（Likierman，1993，pp.15-21）：

1、在概念上（concept）

(1) 衡量的內容應涵蓋所有相關的要素；
(2) 依組織性質的差異性選擇適當的指標數量；
(3) 訂定足夠的軟性（soft）或質化指標，特別是品質方面的指標；
(4) 指標系統須考量政治系絡與課責型態；
(5) 設計指標系統時須讓基層人員參與使其有投入感。

2、在準備階段上（preparation）

(1) 同時建立與重視長期與短期性指標；
(2) 確保能公平的反映出管理者的努力成果；
(3) 管理者應尋求各種解決失控狀況時的方法；
(4) 採納相關組織的運作經驗；
(5) 在施行前須確保所有標準均是實際的（realistic）。

3、在執行階段上（implementation）

(1) 新的指標需要藉著時間與經驗來發展（develop）與修正（revision）；
(2) 指標系統須與所現存的系統連結；
(3) 指標須為衡量對象易於瞭解與接受；
(4) 如須採用替代性指標（proxies），必須慎重的選擇；
(5) 指標系統引進後須重新評估組織的內部與外部關係。

4、在實際運用上（use）

(1) 用的資料必須是可信的；

(2) 評估結果應視為一種指引（guidance）並提供討論，而非最終答案；

(3) 強調回饋與追縱（follow-up）的重要性；

(4) 所有指標的權重（weight）並非需要相同；

(5) 衡量結果必須在適當的時間內以易於接受的方式（user-friendly）向管理者提出。

另外，David N.Ammons（1996）也提出建立「績效衡量與監測體系」時應注意的關鍵事項（施能傑，民89年，頁7）：

1、績效管理必須和組織的管理策略結合；

2、產出或結果應充分反應服務對象的需求觀點，不是僅考量技術上方便；

3、衡量中的效能應以產出或結果為主；

4、結果、產出或投入指標的設定選擇應遵循一些原則；

5、績效衡量結果應該公告，並應和獎勵與預算管理結合；

6、制度的落實完全依賴高層的全力支持與持續關注。

根據上述績效評估之文獻探討中，可歸納出下列結論：

(1) 建立績效評估制度，可以引導組織機構改變或變革，除可激發追求成功的意念外，也可藉以學習失敗的教訓。

(2) 一個組織推動績效管理，必須進行策略管理，而策略管理首重釐清目標與預期成果，且組織的目標與評估指標必須和組織存在與發展的核心目的密切結合。

(3) 由何志浩等提出之績效評估過程及 Talbot 之公共績效評估模型，都表示組織的績效必須要從投入、過程、產出、結果之效率與效能加以評估。

(4) 績效評估指標不但應重視信度、效度，更應重視其實用性，即對特定機關之績效能夠確實反應其業務性質。

（5）績效評估制度的落實，有賴高層的全力支持與持續關注。
（6）績效評估結果應定期公告，並和獎勵與預算編列相結合。
（7）績效評估者必須具備公正性的權威，應該要有績效管理相
　　關的知識。

參、我國現行行政機關績效評估制度之分析

一、行政機關績效評估制度之沿革

　　行政院所屬機關考成辦法於民國四十年公布實施，五十八年行
政院研究發展考核委員會會成立接續辦理行政機關考成業務，迄今
已歷三十二年。其間考成項目曾因應時需歷經多次修正。考成項目
變動詳如附錄四，而考成方式、參與機關、人員與政策方針亦多有
變革（行政院研考會，民 88 年，頁 100-112），謹分期簡述如下：

（一）實地考核時期

　　民國五十八、五十九年考成項目區分為主管業務、人的管理、
事的管理、物的管理。其中主管業務按機關特質與當時施政重點列
舉細項；「人的管理」涵蓋推行職位分類、貫徹考用合一等人事制度、
措施之執行績效評估；「事的管理」涵蓋考核研究發展、行政管理革
新、推行新制管考措施等，至於「物的管理」則考核庶物管理與財
務統計、編報執行等。

　　辦理方式以實地前往各機關考核為主，書面審查考核為輔。考
核小組成員層次頗高，如當時研考會陳主任委員雪屏、楊副主任委
員家麟、宋副主任委員達、崔委員垂言等擔任領隊，而成員分由行
政院研考會大部分單位主管暨經合會（經建會前身）、國科會、主計

處、人事局指派人員擔任，實地考核組共約七十二人；至於受考核機關則由法定專責單位「研考處」辦理初核工作。

　　考核結果除密呈　總統核閱外，不對外公布，亦不個別通知受考核機關。「主管業務」考核成績以甲、甲下、乙上、乙等評語區分等第，而非以成績排序，其餘人、事、物的管理三類，則有明確評分及排序。

（二）書面、重點考核時期

　　民國五十九年　蔣故總統經國先生接任行政院院長，指示「以實地考核方式評定政務官的得失或等第似不適宜」，故自六十年以後行政機關考成由「政務考核」轉向「行政考核」為重點，主要以書面考評方式進行，而以「由院列管計畫考評」為考成項目，至七十年以後增列「各機關積極辦理工作項目」、「提高公文品質建立查考制度」等項目。

　　考核程序雖仍沿襲考成辦法所規定「分層負責、逐級實施」之精神，先由行政院所屬各機關部、會、行、處、局、署及省市政府主辦單位自評，次由主管機關初核，再由研考會、國科會及經建會等進行複核。惟實際參與人員層次亦因考核方式之改變而降低.，且未整體編組，僅由各複核機關分別辦理主管考核項目，而由研考會彙整陳報。至於受考核機關自六十一年起，在精簡組織編制之政策下，各機關研考專責單位併入秘書部門，由於人少事繁，影響自評、初核品質甚鉅。

（三）擴大考核項目時期

　　七十五年度考成架構大幅變革，為期考成確實反映機關整體績效，擴大考成範圍，並於七十五年八月五日簽奉俞前院長國華核定，增列「預算執行」與「人事管理」兩大類，致使考成項目多達四大類十四分項，而參與複核機關涵蓋行政院主計處、人事局、經建會、

國科會及研考會，惟複核方式則維持書面審查為之，至於初核階段則仍由各機關秘書部門所轄研考人員兼辦。

　　自七十五年度至八十一年度曾參酌辦理經驗及受考核機關建議，調整考成分項與評分標準，惟架構仍然維持七十五年度之體制辦理。考成方式已趨向納入整體行政工作，逐項訂定評估指標、評分標準及配分權數據以考核。

　　在考成結果之處理方面：於作業時按五分制評定各項分數，陳報時均以評語如「甚優」、「優良」、「可」、「尚待改進」等詞敘述績效良窳，並依行政院所屬機關考成辦法簽陳院長核定後呈報　總統。考成結果對於個別受考核機關之首長影響如何，各首長重視考成結果與否，均難以查考，惟考成結果對各機關一般績效有某種程度之反映。而對於個別執行人員之影響方面，多年來均未依業務績效辦理獎懲，直至七十九年修定前述考成辦法，加列各機關得依考成結果辦理獎懲，惟修訂以來，仍僅有國防部、環保署及省市政府等少數機關辦理。

（四）施政重點項目考核時期

　　八十年度行政機關工作考成總報告於八十一年七月七日簽陳院長，奉批示：「一、可，二、以後有無必要應檢討其實效。」研考會遵示通盤檢討考成制度，簡併已由其他業務主管機關或單位辦理之考核項目，如行政效率、人事管理及預算執行等，自八十二年度起將考成項目調整為「由院列管計畫考評」與「施政重點項目考核」二大部分。前者向為行政機關考成之重點項目，最能表現受考機關之業務特性與年度施政方向；後者則以逐年彈性規劃考核重點內容，以反映政府階段性之施政重點，並運用考核結果，貫徹政策之執行。

　　「由院列管計畫考評」方面，就每年度由院列管重點施政計畫加以考評，加強年度開始前作業計畫之審核，並就計畫目標達成度

與效益、人力與預算運用，以及規劃作為與程序適切與否等項目，研擬具體或量化評估指標，落實平時管制工作，俾作為年終考核之依據。考評結果並附具可行改進建議，提供主管機關參考辦理。

「施政重點項目考核」方面，每年參酌院長向立法院之施政報告、重要會議或專案指示等，選定有關機關施政重點或提升效率項目加以考評。於年度伊始規劃並頒發具體考核項目及評分標準，俾受考核機關遵循加強辦理，年度終了後應就初核資料前往實地複核，必要時邀請行政院幕僚機關如秘書處、人事局、主計處等參與。

二、現行績效評估制度之分析

現行行政院所屬各機關之績效評估，係依據「行政院所屬機關考成辦法」訂定之「行政院所屬各機關九十年度工作考成作業要點」，以及為評估各機關資本支出及固定資產投資計畫預算執行效率所訂定之「行政院暨所屬各機關計畫預算執行考核獎懲作業要點」，謹就該二項要點規定之評估構面、評估對象、評估內容、評估指標、評估方式及獎懲作業分析如下：

（一）評估構面

行政院所屬各機關九十年度工作考成作業要點第三點規定，考成項目包括由列管計畫考評及施政重點項目考核二項；行政院暨所屬各機關計畫預算執行考核獎懲作業要點第一點規定為資本支出及固定資產投資計畫。由以上二項要點內容分析，現行績效評估偏向於政策（計畫）面的評估。

（二）評估對象

行政院所屬各機關九十年度工作考成作業要點第二點規定，考核對象為行政院所屬各部、會、行、處、局、署、院、省政府及省

諮議會；第六、七點規定各機關之部會列管及自行列管計畫，以及直轄市政府、各縣（市）政府得參照本要點或自訂本機關作業要點。行政院暨所屬各機關計畫預算執行考核獎懲作業要點第一點規定考核對象包括行政院暨所屬各部、會、行、處、局、署及其附屬機關。由上述分析，現行行政院層級評估對象，計畫部分以部會層級為主；計畫預算執行部分包括部會及其所屬機關，以執行機關為主。

（三）評估內容

　　行政院所屬各機關九十年度工作考成作業要點第三點規定，考成項目包括由院列管計畫考評及施政重點項目考核二項，而後者又以行政院會議院長提示及決議事項執行情形，以及各機關首長向院長簡報重點工作項目執行績效為考核重點。行政院暨所屬各機關計畫預算執行考核獎懲作業要點規定，其考核項目包括行政機關資本支出計畫預算、特別基金預算、非營業基金預算，以及國營事業固定資產投資計畫預算。由上述分析，現行績效評估內容為計畫（政策）及預算執行績效為主。

（四）評估指標

　　行政院所屬各機關九十年度工作考成作業要點附件注意事項中規定，由院列管施政計畫執行績效考評項目包括共同項目及個別項目。而共同項目的評估指標計有計畫作為、計畫執行、經費運用及行政作業四項（如表一），個別項目包括依個別計畫所訂目標達成度，或自選及自訂與計畫相關的評估指標（如表二），共同項目與個別項目配分權數各占百分之五十；施政重點項目之各機關首長向院長簡報施政重點工作項目執行情形績效考核，係由主管機關依簡報所提出之重點工作項目，訂定年執行目標及評估指標作為評估依據。行政院暨所屬各機關計畫預算執行考核獎懲作業要點規定，年度績效評估指標為全年度計畫預算實際已執行進度達百分之九十，

且達成原訂施政目標。由上述分析，現行績效評估都直接或間接訂
有評估標準，評估指標以計畫或預算執行效率為主，除目標達成度
外，多偏向於效率性指標。

表一　由院列管計畫考評共同性指標

指標項目	子指標項目
計畫作為（12%）	計畫目標之挑戰性（4%） 作業計畫具體程度（4%） 計畫之修訂（4%）
計畫執行（15%）	進度控制情形（7%） 進度控制結果（8%）
經費運用（15%）	預算控制情形（7%） 預算執行結果（8%）
行政作業（8%）	作業計畫（2%） 年度考評資料（4%） 進度報表（2%）

資料來源：行政院研考會（民 90 年）

表二　由院列管計畫考評個別性指標

指標項目	子指標項目
目標達成度（50～20%）	依年度作業計畫由主管機關自行訂定
自選項目（0～20%）	依計畫性質由主管機關自行選擇 人力運用量之控制效果（4～8%） 人力運用質之控制效果（4～8%） 工程品質評鑑（4～8%） 工程勞安控管（4～8%） 工程環保控管（4～8%）
自訂項目（0～20%）	依計畫性質由主管機關自行訂定

註：主管機關未自選或自訂項目，其配分權數併入目標達成度項目分配。
資料來源：行政院研考會（民 90 年）

（五）評估方式

　　行政院所屬各機關九十年度工作考成作業要點第五點規定，考成應分級實施，區分為執行機關（單位）自評、主管機關初核及行政院複核三個層次，而複核除書面審查外，兼採重點實地查證方式進行。行政院暨所屬各機關計畫預算執行考核獎懲作業要點第二、三點規定，依分層負責原則，十億元以上之計畫或行政院列管計畫，由各部會初核，送行政院審核小組複核，其餘計畫由各部會負責考核，而考核方法除書面資料審核外，必要時得請執行機關提供說明或辦理實地查證。由上述分析，現行績效評估方式兼採書面審核及實地查證，評估程序分為執行機關自評、主管機關初核或直接審核，行政院列管計畫或達十億元以上計畫才送行政院複核。

（六）獎懲作業

　　行政院所屬各機關九十年度工作考成作業要點第六點規定相關獎懲標準，考成成績分為甲、乙、丙、丁四等第，考列甲、乙等者，主辦機關（單位）相關主管予以記功或嘉獎；考列丙、丁等者，主辦機關（單位）相關主管、主管人員分別予以申誡或記過處分；行政院研考會每年得選擇執行績效最優之十項計畫簽陳院長頒發獎狀。行政院暨所屬各機關計畫預算執行考核獎懲作業要點第四點亦規定有相關獎勵標準。由上述分析，現行績效評估制度具有獎懲的作用。

三、現行績效評估制度之檢討

　　從本文我國績效評估制度之沿革及現行績效評估作法分析中，可以看出我國績效評估制度建立已久，因每個階段行政院長重視程度與認同度不同，致使評估內容與方式有很大的變化。惟實施迄今，

仍讓外界及行政機關認為考核結果無法代表行政機關績效、評估指標效度與信度存疑、評估方式過於繁複等現象（孫本初等，民89年，頁140），謹就現行績效評估制度相關問題檢討分析如下：

（一）評估結果與行政機關組織績效無法完全結合

民國五十八、五十九年行政機關考成項目包括機關主管業務、人的管理、事的管理、物的管理，考成項目應可含蓋機關多數業務，惟因考核項目過於廣泛，亦被當時行政院長蔣經國先生指為實地考核方式不適宜，不得不作改變。而現行考成項目包括由院列管計畫及施政重點項目，僅能稱行政機關重點計畫（政策）的評估，無法含蓋行政機關當年施政工作，且現行評估指標（共同性指標或個別性指標）多屬執行面效率指標，無法完全展現行政機關實際改進措施及政策推動的成果。

（二）績效評估與預算編列及員工獎勵未完全結合

績效評估是衡量執行的最後結果與所定的目標有什麼不同？除了作為獎懲的依據外，並深入瞭解作為有關以後執行目標或類似工作或任務的參考（吳光雄，民68年，頁112）；各機關計畫預算編列應以機關計畫績效為基礎（孫本初等，民89年，頁145）。而現行預算編製在前一年三月開始，績效評估在年度結束後四、五月間才能完成，員工績效考核時間亦是類似情形，致績效評估結果未發揮影響預算編列及員工績效考核作用。

（三）績效評估構面尚待釐清

績效評估可分為組織績效、作業績效及個人績效三個構面。而三個構面依目標管理及評估指標具有層級間關係，績效目標及評估指標訂定係由上而下間相互連結；績效成果的展現係由下而上，從個人績效產生政策（計畫）績效，再產生組織績效。現行行政機關

相關績效評估作業規定，其評估的內容以政策（計畫）或預算執行效率為主，偏向於作業績效面評估，由於其政策（計畫）目標及評估指標訂定與組織績效及個人績效連結程度不高，致現行績效評估作法無法完全產生組織績效面及個人績效面效果。

（四）現行績效評估相關作業規定有待連結與整合

績效評估是為了解一個機關的工作項目執行的「效果」和「效率」如何的過程。管理大師彼得杜拉克（Peter Drucker）更認為一個組織績效的好與否，首重於做對事情（doing the right thing），再把事情做好（doing things right）。一項政策能否成功推動，進而如期如質發揮政策效果，所仰賴者不外乎有周詳的規劃、嚴密的執行控管，以及定期的檢討與回饋修正政策方向。而績效評估制度的設計必須相關作業規定相互連結與配合，例如年度施政計畫規劃審議階段，必須明確訂定機關組織或政策（計畫）的目標與指標，作為執行與評估的依據，惟目前各機關年度施政計畫大都缺乏可操作、可評估之組織或政策（計畫）目標與指標。另現行行政院所屬各機關九十年度工作考成作業要點之年度施政計畫考核項目，與行政院暨所屬各機關計畫預算執行考核獎懲作業要點之資本支出計畫考核項目幾乎相同，雖考核的目的與標準有差異，應可加以整合避免重複考核。

（五）績效評估機關眾多造成評估結果差異

行政院所屬各機關九十年度工作考成作業要點第五點之三規定，由院列管計畫考評依管考分工原則（社會行政、公共工程及科技發展計畫）分由經建會、國科會、工程會及研考會辦理複核，行政院暨所屬各機關計畫預算執行考核獎懲作業要點亦有類似規定。由於評估指標訂定不夠明確，各複核關考核寬嚴標準不一，致評估結果有不同差異。

（六）評估指標偏向效率指標無法完全展現績效良窳

績效評估指標必須符合「效果」（effectiveness）、效率（efficiency）、經濟（economy）及公平（equity）等原則，尚須具備信度（reliability）、效度（validity）、時限性（timeliness）、敏感性（sensitivity）和成本效益（cost-effectiveness）等特性。行政院所屬各機關九十年度工作考成作業要點規定，由院列管計畫評估指標包括共同性指標及個別性指標，配分權數各占百分之五十。共同性指標包括計畫作為、計畫執行、經費運用及行政作為四項，多屬效率指標；而個別性指標包括目標達成度、自選項目及自訂項目三項，由主管機關自行訂定，惟主管機關仍多選用執行面效率指標，致評估效果受到限制。

根據上述針對我國現行績效評估制度檢討分析後，可歸納下列幾項尚待改進事項：

1、現行績效評估偏向於個別政策（計畫）面的評估，缺乏組織整體績效的評估。
2、年度施政計畫的編審與年度績效評估制度缺乏有效的連結。
3、政策（計畫）的評估以年度執行結果為主，評估指標雖鼓勵主管機關自行訂定，惟仍多選擇效率面指標，致評估結果受限。
4、評估機關過多，由於評估標準寬嚴不一，致評估結果產生差異。
5、政策（計畫）重複考核現象有待整合。
6、評估結果未完全發揮獎勵及預算編列的作用。
7、各機關首長對績效評估重視程度不一，且研考組織不健全，評估人員素質參差不齊，致績效評估制度推動及發展受阻。

肆、我國行政機關績效評估制度之建構

一、行政院暨所屬機關組織與政策結構之分析

行政機關績效之展現，必須藉由政策（計畫）之推動及組織之運轉。在建構未來績效評估制度之前，亦應瞭解行政院暨所屬機關組織架構及施政計畫作業情形，才能使建構之績效評估制度與現行機關組織及施政計畫作業規定相互配合，成為行政機關管理之一環。

（一）現行行政院暨所屬機關組織架構

現行行政院組織包括內政、外交、國防、財政、教育、法務、經濟、交通等八部及蒙藏、僑務二委員會，另依法設立中央銀行、主計處、人事行政局、新聞局、衛生署、環境保護署、故宮博物院以及各種委員會，行政院共計下設三十五個所屬一級機關（組織架構如圖八），依組織功能分工，推動施政工作。而所屬一級機關（部、會、行、處、局、院）依組織任務與職掌設內部單位及附屬機關，例如內政部設民政、社政等單位及附設警政署、營建署等機關。

（二）現行施政計畫作業體系

施政計畫是政府推動政務的藍圖，為政府貫徹國家施政目的，達成國家利益，對內從事國家建設，對外增進國際關係的政策或策略。我國現行年度施政計畫作業體系已行之甚久，為政府每一年度推行各項中心工作的主要依據。在每年度開始前十五個月即開始施政計畫作業，首先由行政院頒布施政方針，再由行政院所屬各機關

根據施政方針，提出該機關年度施政計畫，由行政院彙編後送請立法院完成立法程序，作為各機關年度施政依據。當年度開始，施政計畫進入執行階段，必須將施政計畫執行事項化為具體明確的年度行動（作業）計畫，便於計畫執行與管制；年度結束後，更可據以進行計畫執行績效評估，其作業體系如圖九。

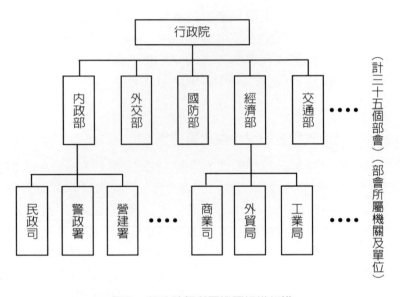

圖八　行政院暨所屬機關組織架構

資料來源：本研究整理

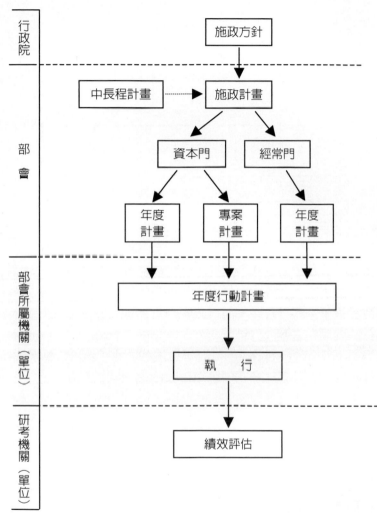

圖九　行政院暨所屬機關施政計畫作業體系

資料來源：本研究整理

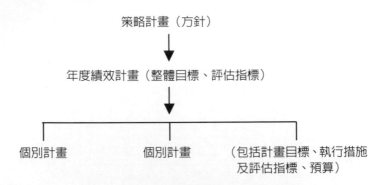

圖十　行政院暨所屬機關施政計畫作業體系

資料來源：本研究整理

　　依據「行政院所屬各機關九十一年度施政計畫編審作業注意事項」第二點規定，各機關應於九十年四月二日至四月三十日編訂年度施政計畫草案報行政院。而行政院所屬各機關年度施政計畫，除根據行政院頒布之施政方針編審外，亦根據該機關中長期發展之策略計畫（中程施政發展計畫）擬訂年度績效計畫（年度施政計畫），再根據年度施政計畫目標及所屬單位或附屬機關組織功能訂定個別執行計畫，其作業體系如圖十。

二、建構績效評估制度之建議

　　本文的目的在解決現行績效評估結果無法代表行政機關的績效，評估指標缺乏效度與信度及評估方式過於繁複等問題，並透過新的績效評估制度之建立，引導行政機關走向現代化管理，提升政策執行績效。然行政機關組織龐大、組織大小不一、業務差異性亦大，欲建構一個有效可行的績效評估制度，必須考慮到成本效益、可操作、與現行相關作業規定配合及各行政機關容易接受等前提。

　　根據第二章組織績效評估模式之目標達成法，策略顧客法及競爭性價值法之特性，融入系統法的概念，描繪行政機關績效評估架構，如圖十一所示。以下進一步說明：

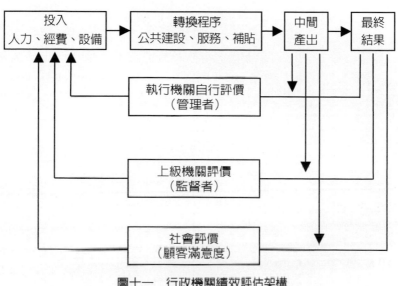

圖十一　行政機關績效評估架構

資料來源：參考黃旭男（民 87 年）架構修訂

- （1）行政機關從事公務活動，每年度均編列施政計畫，投入人力、經費、設備等資源，進行公共建設、社會福利及為民服務等工作。
- （2）行政機關年度施政計畫訂有目標、執行策略、預算及執行進度，經由計畫執行的轉換程序完成其組織的職掌及計畫的目標。而行政機關績效的展現，必須依靠施政計畫之規劃、執行與評估的管理過程。

(3)行政機關施政之中間產出，係指施政計畫年度目標達成度、年度工作及預算執行效率等。

(4)行政機關施政之最終結果，係指其顧客滿意的程度。而一般行政機關的顧客包括管理者本身、上級監督機關及其所服務之標的團體或民眾。

就圖十一之績效評估架構，可依執行機關（管理者）、上級機關（監督者）及社會（標的團體或民眾）三個評估者類別，分別選擇評估內容及評估指標。（如表三）以下進一步說明：

表三　行政機關績效評估構面

評估者	評估構面	評估重點
執行機關 自行評價 （管理者）	經營（作業）績效 計畫執行績效 行政管理績效	・以計畫目標界定足以反應執行績效之效率指標 ・以組織目標界定足以反應行政作業之績效
上級機關評價 （監督者）	策略方針績效 年度重點工作 業務改善成果	・評估年度重點工作之目標達成狀況具先導性、自發性之各項業務改善成果。
社會評價	顧客滿意績效 服務對象滿意度 公共建設產生的效益	・依服務品質相關理論及服務項目設計問卷，進行抽樣調查。 ・依顧客對期望服務品質與實際感受服務品質進行差距分析，進而評估顧客對服務的滿意度。

資料來源：本研究整理

（一）執行機關（管理者）評估

著重於經營（作業）績效，評估構面包括計畫執行績效及行政管理績效。計畫執行績效以計畫目標界定足以反應執行績效之效率

指標，例如計畫規劃的可行性、計畫目標的達成度、預算與執行工作的效率等；行政管理績效以組織目標界定足以反應行政作業之績效，例如環保機關的環境影響評估審查的效率，工商機關對業者申請工商登記或證照所使用的天數等。

（二）上級機關（監督者）評估

著重於策略方針績效，評估構面以執行機關年度重點工作及業務改善成果為主。年度重點工作績效係由執行機關於年度開始前提出足以代表該機關核心工作五～十項，並提出每一事項評估指標，年度終了評估執行機關績效；業務改善成果績效係配合政府整體的改革，由執行機關提出該機關年度改革事項，年度終了評估其改革成果。

（三）社會評估（民意調查）

著重於服務顧客滿意的程度，評估構面包括服務對象滿意度及調查公共建設產出的效益（邱鎮台、施能傑，深度訪問紀要）。服務對象滿意度係以執行機關選擇重點工作或針對特殊性政策設計的調查問卷，並依抽樣方法進行問卷調查，以了解標的團體或民眾的滿意程度及改進意見；公共建設效益調查包括建設的品質及使用的效益，依問卷或訪問方式進行使用者滿意度調查，以蒐集相關意見。

根據上述建構之行政機關績效評估制度模式，行政機關從事公務活動，每年均需編列施政計畫，投入人力、經費、設備等資源，經過年度施政計畫執行的轉換，產生年度施政績效。而行政機關的績效可分為整體組織績效及個別政策（計畫）績效；評估的方式可分為行政機關內部評估（主管機關自行評估或上級機關評估）及民意調查或委託專家學者的外部評估（邱鎮台、施能傑，深度訪問紀要）。依據上述組織績效及政策績效二個評估面向，以及行政機關績效評估常用之指標法及民意調查二種評估方法，提出績效評估四種方式（見圖十二），謹分析如下：

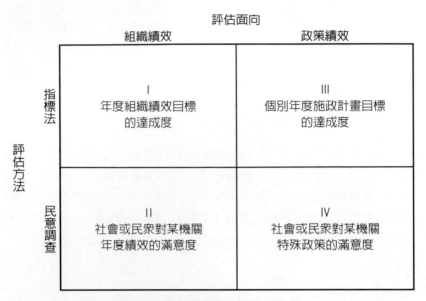

圖十二　行政機關績效評估四種方式

資料來源：本研究整理

1、組織績效／指標法：本方法係以指標法來評估行政機關組織
　　整體績效，由各機關於擬定年度施政計畫時，提出該年度要
　　達成的整體組織目標，並訂定評估目標達成的績效指標，作
　　為年度終了績效評估的依據。

2、組織績效／民意調查法：本方法係就各機關年度整體績效，
　　進行民眾滿意度調查。根據各機關年度重點施政設計問卷，
　　採取電話隨機抽樣調查方法，以瞭解民眾對各機關績效表現
　　的看法。

3、政策績效／指標法：本方法係就各機關年度施政計畫中之個
　　別計畫進行評估，各機關之附屬機關（單位）在擬定個別計

畫時，應同時提出具體目標及可衡量的指標，作為年度終了
該計畫執行績效評估的依據。

4、政策績效／民意調查法：本方法係就選擇各機關之特定政策
進行民眾滿意度調查，根據特定政策內容及性質設計問
卷，針對其標的團體或個人進行調查，以瞭解其對該政策
執行績效的看法。

　　本研究績效評估的對象為行政院所屬各機關，根據上述績效
評估四種方式，參考相關組織績效理論，提出行政機關績效評估
制度構想（見表四），謹就制度之評估面向、評估機關、評估內容、
評估方法、評估指標及評估結果的運用與激勵分析如下：

表四　行政機關績效評估制度構想

區別面向	評估機關	評估內容	評估方法	評估指標	運用與激勵
組織績效	行政院	年度組織績效目標達成	指標法民意調查	成果導向民眾滿意度	代表部會層級年度績效
政策績效	行政院或主管機關	各項年度施政計畫目標達成	指標法民意調查	效果效率服務對象滿意度	所有年度施政計畫評估結果，可作為部會整體績效表現參考作為各執行機關年度績效參考依評估結果對執行績效優異計畫之主管或個人予以獎勵

資料來源：本研究整理

（1）評估面向：行政機關的績效就策略面及作業（執行）面而言，大致可分為整體組織績效及個別政策績效二個面向（邱鎮台，深度訪問紀要）。首先，整體組織績效必須能找出代表組織的績效目標，以及可以評估出目標的績效指標，才能達到組織績效評估的目的；其次，個別政策績效若能訂出明確目標及績效評估指標，個別政策績效評估結果可以代表該政策（計畫）及執行機關（單位）績效，若再經由所有個別政策（計畫）評估績效配予權重換算結果，亦可代表行政機關整體組織績效。

（2）評估機關（構）：行政機關績效評估方式可分為行政機關的內部評估（主管機關自行評估或上級機關評估）及民意調查或委託專家學者的外部評估。本研究評估對象為行政院所屬各機關，評估面向分整體組織績效及個別政策績效二種。在各機關整體組織績效方面，由上級機關行政院負責評估；在個別政策績效方面，因數量過於龐大，可依政策重要性及已建立之管考三級制分別由行政院研考單位負責評估，或由各機關自行評估。

（3）評估內容：行政院所屬各機關每年根據年度施政計畫編審作業事項，編訂年度施政計畫報行政院。本研究提出評估面向分為整體組織績效及個別政策（計畫）績效二種。在整體組織績效方面，各機關可配合編訂年度施政計畫時，提出該年度組織績效目標及可評估或代表目標的績效指標，作為組織績效評估的依據，例如行政院衛生署主管醫政、防疫及健保等業務，其提出的年度績效目標可能包括提供重殘病床率提升百分之二十、兒童日本腦炎防疫率達百分之九十八、全國健保人口達百分之九十九等，其評估指標可能包括標的人口比例、提供服務量等，惟年度目標及評估指標會逐年選擇與改變；在個別政策（計畫）績效

　　方面，同時在編訂年度施政計畫時，要求各執行機關提出
各項年度施政計畫目標及評估指標，作為該政策（計畫）
執行績效評估的依據，例如電信科技研究計畫需考量的目
標包括計畫執行與成果運用，而評估的指標包括計畫執行
效率、支援電信事業建設營運、成果擴散及學術與相關貢
獻等，再配予評估權重（林基源，民 88 年，頁 264-268）。
至於採用民意調查評估組織或政策績效時，則依據組織施
政重點或政策核心工作設計問卷調查。

（4）評估方法：依據前述組織績效及政策績效二個評估面向，
　　同時採用指標法及民意調查（邱鎮台、施宗英，深度訪問
　　紀要）。依英美兩國績效評估制度及我國現行作法，大都採
　　取指標法，民意調查採不定期實施。由於指標法實施成本
　　較低，且容易為行政機關接受，宜採以指標法為主，再輔
　　以民意調查作為評估結果的參考。

（5）評估指標：Rose & Lawton（1999：244-245）認為良好的績
　　效指標須具備有信度、效度、時限性、敏感性和成本效益
　　等特性，亦必須符合效率、效果、經濟及公平等原則。英
　　美兩國績效評估制度強調成果導向指標，必須反映成本、
　　品質、時間、產出及顧客滿意度等標準。本研究建構之績
　　效評估面向分為整體組織績效及個別政策（計畫）績效二
　　種，在整體組織績效方面，可參考英美兩國制度（孫本初
　　等，民 89 年，頁 145），採取成果導向的指標，減少因評估
　　對各機關的干擾；在個別政策（計畫）績效評估方面，結
　　果或總結評估是無法提供政策（計畫）如何運用的資料，
　　不僅無法解釋計畫為何成功為何失敗，而且也難以提供未
　　來改進一個政策（計畫）的消息（陳惠次，民 83 年，頁 20），
　　宜同時兼顧效率與效果性指標，以期各項政策（計畫）能

如期如質的推動，達成組織整體的目標。至於採取民意調查評估時，應以民意滿意度作為評估指標。

(6) 評估結果的運用與激勵：政府因民眾而存在，民眾對政府的績效應有知的權力；而政府推動政策（計畫）的良窳，將影響往後政策的推動及排擠其他政策（計畫）預算的使用。英美二國制度均強調資訊公開，我國近年行政程序法公布實施後，亦要求各機關應將相關資訊公開。現資訊網路已有相當發展，行政機關應定時將組織績效目標及推動的政策（計畫）公布於網站上，每年評估的結果亦應定時公布，讓公眾知道各機關績效的表現，共同參與監督政府。另年度績效成果亦應作為編列持續推動政策（計畫）的參考，進而建立計畫預算制度。

英美兩國制度已建立績效薪給及績效獎章作法，惟我國現行績給制度改變不易，如採績效獎金及績效獎章作法，對戮力從公之公務員有激勵效果，可逐步將組織績效評估制度與個人績效激勵制度相結合。

伍、研究發現與建議

一、研究發現

行政院所屬機關考成辦法於民國四十年公布實施，五十八年行政院研考會成立接續辦理行政機關考成業務，迄今已歷三十二年。其間因每階段行政院長重視程序與認同度不一，致評估內容與方式有很大轉變。惟實施迄今，仍讓外界及行政機關認為考核事項無法

代表各行政機關整體績效、評估指標缺乏效度與信度、評估方式過於繁複等現象。經由本研究檢討分析，其主要原因為：

(1) 評估結果與行政機關組織績效無法完全結合

(2) 評估結果無法影響各機關預算編列及員工獎懲

(3) 整體組織績效與個別政策（計畫）績效評估尚待釐清

(4) 現行績效評估相關作業規定有待連結與整合

(5) 績效評估機關眾多造成評估結果差異

(6) 評估指標偏向效率指標無法完全展現績效良窳

本文針對上述檢討缺點，參考先進國家績效評估制度之特色，提出未來行政機關績效評估制度之構想，其重點如下：

(1) 評估面向：行政機關績效評估分為整體組織績效及個別政策績效二個面向，作為未來行政機關年度工作考成的重點。

(2) 評估機關：整體組織績效方面，由上級機關行政院負責評估；個別政策（計畫）績效方面，因數量過於龐大，依政策（計畫）重要性分別由行政院研考單位負責評估，或由各機關自行評估。

(3) 評估內容：整體組織績效方面，配合各機關年度施政計畫編審，提出該年度組織績效目標及可評估或代表目標的績效指標，作為組織績效評估的依據；個別政策（計畫）績效方面，同時在編訂年度施政計畫時，要求各執行機關提出各項年度施政計畫目標及評估指標，作為該政策（計畫）執行績效評估的依據。

(4) 評估方法：整體組織績效及個別政策（計畫）績效，可以同時採用指標法及民意調查，惟考量實施成本及行政機關接受度，宜以指標法為主，民意調查為輔。

(5) 評估指標：整體組織績效方面，參考英美二國制度成果導向的管理，以結果（outcomes）指標為主；個別政策（計

畫）績效方面，宜同時兼採效率與效果指標，以期各項政策（計畫）如期如質推動。至於採取民意調查評估時，以民眾或標的團體滿意度為評估指標。

(6) 評估結果運用：整體組織績效評估結果代表部會層級年度績效；個別政策（計畫）績效評估結果作為各執行機關年度績效參考，所有年度施政計畫評估結果，經由加權平均後，亦可作為部會整體績效表現參考。另依評估結果對執行績優個人或團體予以獎勵或表揚。

二、建議

本文提出了未來行政機關績效評估制度的構想，為使該構想能實現，並解決現行行政機關考成作業問題，引導行政機關走向現代化管理，提升政府部門政策執行績效，謹提出下列建議：

（一）提昇行政機關績效評估法規位階，連結績效評估上、中、下游相關作業規定

現行行政機關施政計畫相關作業規定，包括上游行政院所屬各機關年度施政計畫編審辦法、中游行政院所屬各機關選項列管作業要點、下游行政院所屬各機關考成辦法，尚無統一之母法依據，致各階段作業規定個別訂定，產生施政計畫編審與管制考核作業脫節。最近行政院研考會已訂定行政院所屬各機關施政績效評估要點，明確規定各機關於編訂年度施政計畫時，必須提出年度績效目標及評估指標，作為年度終了績效評估的依據。惟該要點較上述法規位階低，且僅就整體組織績效評估部分作規範，未對影響組織績效之施政計畫部份進一步規範，恐對整體績效評估制度影響有限，建議參考美國政府績效與成果法，提昇我國行政機關績效評估法規

位階，連結相關作業規定，引導行政機關走向績效管理，提升施政效率與效果。

（二）修訂行政機關考成辦法，整合現行考成（核）相關規定

現行行政院所屬各機關績效評估，主要二個法規為依據「行政院所屬機關考成辦法」訂定之行政院所屬各機關年度工作考成作業要點，以及為評估各機關資本支出及固定資產投資計畫預算執行效率所定之行政院暨所屬各機關計畫預算執行考核獎懲作業要點，前者考核事項包括由院列管計畫考評及施政重點項目考核二項，後者以資本支出及固定資產投資計畫為主。依現行施政計畫性質而言，資本支出計畫大多包含在行政機關施政計畫之內；固定資產投資計畫考核屬國營事業年度工作考成的一部分。建議廢止行政院暨所屬各機關計畫預算執行考核獎懲作業要點，將相關考評事項與獎懲規定併入行政院所屬各機關年度工作考成作業要點及國營事業年度工作考成辦法，以解決重複考評等問題。

（三）檢討現行行政機關年度工作考成事項，建立制度化作法

現行行政院所屬各機關年度工作考成作業要點規定，考核事項包括由院列管計畫考評及施政重點項目考核二項，前者由院列管計畫考評僅係每年行政院就各機關年度施政計畫中選擇較重要事項，無法涵蓋各機關所有施政工作；後者施政重點項目考核視每年行政院重點工作而變動，九十年度以院會院長提示或決議事項及部會首長向院長簡報的施政重點工作二項為主，致各界及行政機關認為考核結果無法代表行政機關績效。本研究建議以整體組織績效及個別政策（計畫）績效為行政機關年度工作考成事項，而整體組織績效方面，配合各機關年度施政計畫編審，提出該年度組織績效目標及可評估或代表目標的績效指標，作為組織績效評估的依據；個別政策（計畫）績效方面，同時在編訂年度施政計畫時，要求各執行機

關提出各項年度施政計畫目標及評估指標，作為該政策（計畫）執行績效評估的依據。而個別政策（計畫）評估結果除可作為執行機關績效參考外，亦可根據現行施政計畫三級列管制度，配予評估權重，計算機關整體（政策）計畫執行績效，作為該主管機關績效參考。至於現行之由院列管計畫考評可併入個別政策（計畫）績效考評，施政重點事項宜列為專案考評。

（四）善用網路資源管理工具，建立施政計畫資料庫

行政院研考會已開發建立施政計畫管理系統，統一建置施政計畫管制考核資訊，相關管制考核作業採線上傳輸及審核，惟在施政計畫規劃與審議作業系統尚未統一整合。建議持繼擴大建立施政計畫規劃審議、執行、管制及考核之完整資訊系統，統一規定資料建置、提報、審議及運用等作業，善用網路資源管理工具，減少績效評估相關行政作業。

（五）公開績效評估資訊，鼓勵民眾參與監督政府施政

根據八十八年二月公布之行政程序法四十四條第一項規定，行政機關持有及保管之資訊，以公開為原則，限制為例外。同條第三項規定，行政資訊公開法二年內完成立法，於未完成立法前，行政院應會同有關機關訂定辦法實之。行政院已於九十年二月二十一日與考試院會銜發布「行政資訊公開辦法」，俾貫徹執行行政資訊公開之原則及美意，並滿足人民知的需求及促進行政程序之公開化與透明化。基於上述法之規定，行政機關應將年度績效目標、評估指標、施政事項及年度績效評估結果建立網站公布，讓民眾瞭解各機關施政成果，共同監督政府施政。

（六）建立績效評估反饋機制，作為預算編列參考

預算為施政計畫具體實現的首要途徑，也是政府部門中影響組織行為最強有力的工具，現階段世界性預算改革的焦點集中在提昇政府機關的施政績效，強調以組織整體目標為導向，並以績效評估為手段的績效預算制度，以強化機關施政績效評估與管理工作。行政院現行年度中央政府總預算籌編原則係以施政方針、施政計畫為基礎，計畫預算的編列雖有其作業標準，然並未有強力的執行成效評估反饋機制，將預算編列額度與計畫執行績效連結勾稽，計畫預算審議單位與執行績效評核單位，分由行政院主計處、經建會、國科會、工程會及研考會相關單位負責，並分有不同法令予以規範。惟我國現行施政計畫預算編審作業與年度施政績效評估有很大時間落差，建議利用年度施政計畫管制結果，建構計畫預算編審與績效評估之關聯機制，以解決計畫執行績效與預算編審脫節現象。

（七）研擬行政機關績效評估結果與公務員獎金之激勵作法

根據陳金貴、丘昌泰（民 87 年）研究結果，有六成五以上受訪者同意機關考績列甲等的名額比例應依機關考評結果訂定，四成二的受訪者認為應依機關考評結果作為員工考績獎金的依據（反對者二成四），七成三受訪者認為考績獎金有助公務人員士氣的激勵。惟目前行政機關年度工作考成與公務員年終考核時間有很大落差，實務配合上有其困難，建議應先就機關績效評估結果與公務員獎金建立制度作法，讓公務員績效確實得到激勵的效果。

（八）強化行政機關績效評估組織與人力，提升政策規劃與評估能力

績效評估制度之推動，有賴於各級行政機關首長的認同與支持，然現行政院所屬三十五個部會多未設置專責績效評估單位。建

議依本（90）年全國行政革新會議之決議，行政院所屬一級機關必須指派簡任十二職等以上人員、二級機關必須指派簡任十職等以上人員擔任研考單位主管，並納為機關人評會、考績會之當然委員；另定期舉辦教育訓練，以強化各級機關研考人員政策規劃與評估能力。

　　（本文原為筆者於國立台北大學企業管理學系碩士論文改編，2000 年 6 月。）

參考書目

行政院人事局,《八十八年度中高層主管培訓班出國專題研究報告》,民國八十八年。

行政院研考會,《中華民國政府組織與工作簡介》,民國九十年。

行政院研考會,《行政機關生產力衡量模式研討會論文集》,民國七十八年。

行政院研考會,《研考三十週年專輯》,民國八十八年三月。

余漢儀,〈社會福利之績效評估〉,《研考雙月刊》,第二四卷第四期,頁23-29,民國八十九年八月。

李允傑,〈公部門之績效評估〉,《人事月刊》,第二九卷第四期,民國八十九年。

李得璋,〈公共工程建設計畫績效評估〉,《研考雙月刊》,第二四卷第四期,頁37-43,民國八十八年八月。

邢祖援,《規劃與控制》,文史哲出版社,民國八十八年六月。

何志浩等,《政府績效評估與管理》,八十八年度中高層主管培訓班出國專題研究報告,行政院人事局,民國八十八年六月。

吳定,《行政機關生產力衡量模式之研究》,行政院研考會,民國七十八年。

邱鎮台,《計畫、管制與考核》,五南圖書出版公司,民國七十六年。

林基源,《決策與人生》,遠源出版公司,民國八十八年三月。

林青青譯,《落實美國政府績效及成果法》,審計季刊,第七十七卷第三期,民國八十六年。

施宗英,〈計畫績效衡量的運用與推動策略〉,《研考雙月刊》,第二四卷第四期,頁44-53,民國八十九年八月。

施能傑,〈政府的績效管理〉,《人事月刊》,第二六卷第五期,頁35-53,民國八十七年。

施能傑，〈建構行政生產力衡量方式之芻議〉，《中國行政》，第六九期，頁 15-46，民國九十年三月。

高孔廉，〈考核方法與實務研討〉，《管考評估作業論文集》，行政院研考會，民國七十四年六月。

高孔廉，〈行政機關之規劃與控制〉，《政大學報》第五十七期，頁 109-128，民國七十七年。

孫本初，〈美國政府績效評估制度之研析——以政府績效與成果法（GPRA）為例〉，《研考雙月刊》，第二四卷第二期，頁 35，民國八十九年四月。

孫本初，〈行政機關考成指標之研究〉，行政院研考會，民國八十九年十二月。

陳英明等，〈各國政府回應新局之組織型態〉，八十八年度中高層主管培訓班出國專題研究報告，行政院人事局，民國八十八年六月。

陳金貴、丘昌泰，〈各機關績效考核制度之研究〉，銓敘部，民國八十七年。

陳惠次，〈防制青少年犯罪方案之評估〉，行政院研考會，民國八十三年三月。

彭錦鵬，〈英國政署之組織設計與運作成效〉，《歐美研究季刊》，第三十卷第三期，頁 89-131，民國八十九年九月。

楊千，〈科技專案計畫績效評估〉，《研考雙月刊》，第二四卷第四期，頁 30-36，民國八十八年八月。

黃旭男，〈中央健康保險局績效評估制度之構建〉，行政院衛生署，民國八十七年七月。

黃營杉譯，《策略管理》，華泰文化公司，民國八十八年五月。

黃營杉等，《企業政策》，國立空中大學，民國八十二年。

黃建銘，〈組織績效指標之運用與管理意涵：英國經驗之探討〉，《人事行政》，第一二七期，頁 70-79，民國八十八年。

鄭興弟,〈行政機關績效評估〉,《研考雙月刊》,第十八卷第五期,
　　民國八十二年。

蘇彩足、施能傑等,〈各國行政革新策略及措施比較分析〉,行政院
　　研考會,民國八十六年七月。

Ammons, David N. *"Municipal Benchmarks: Assessing Local
　　Performance and Establishing Community Standards"*. Thousand
　　Osks, CA: Sage, 1996

Carter, N & Greer, P. *"Next Steps and Performance Measurement"*, in
　　Barry J. O'Toole ed., Next Steps: Improving Management in
　　Government? Dartmouth Publishing Company Limited, 1995

Cater, Neil. *"How Organizations Measure Success the Use of
　　Performance Indicators in Government"*, New York: Routledge,
　　1994

Chris, Wye. *"GPRA: On the Edge"*, The Public Manager, 28(3),　1999

Drucker, Peter *"Management Tasks, Responsibilities Practices"*.　NY:
　　Harper & Row, 1973

Everitt, A *"Developing Critical Evaluation"*. Evaluation, Vol.2, No. 2,
　　pp173-188, 1996

Fetterman, D. M. & Kaftarian, S. J. & Wandersman, A. *"Empowerment
　　Evaluation"*. Thousand, Oasks, CA: Sage, 1996

Halachmi, Arie & Bouckaert, Geert eds *"Organizational Performance and
　　Measurement in the Public Sector"*. Westport, CT: Quorum Books,
　　1996

Joyce, P, G, & Ingraham, P, W. *"Government Management: Defining and
　　Assessing Performance"*, paper prepared for the National Public
　　Management Conference, 1999

Karlsson, O *"A Critical Dialogue in Evaluation"*. Evaluation, Vol.2,
　　No.2, pp189-200, 1996

Mayne & Zapico-Goni *"Monitoring Performance in the Public Sector"*, New Brunswick: Transction Publishers, 1999

National Academy of Public Administration. *"Effective Implementation of the Government Performance and Results Act"*, 1997

Nicholson, John. *"Monitoring the Efficiency, Quality, and Effectiveness of Policy Advice to Government."* In Monitoring Performance in the Public Sector. ed. Mayne, J. and E. Zapico-Goni, New Brunswick: Transaction Publishers, 1999

OECD. *"Performance Management in Government: Performance Measurement and Result-Oriented Mangement. Paris: OECD. 1994 Governance in Transition: Public Management Reforms in OECD Countries"*. Paris: OECD, pp33-37, 1995 *"In Search of Results: Performance Management Practices"*. Paris: OECD, 1997

Perrin, B. *"Effective Use and Misuse of Performance Measurement"*, American Journal of Evaluation, Vol.19, No.3, pp367-379, 1998

Radin, B, A. *"The Government Performance and Results Act (GPRA) and the Traditional of Federal Management Reform: Square Pegs in Round Holes?"*, paper prepared for the National Public Management Conference, 1999

Shadish, W. *"Evaluation Theory is Who we are,"* American Journal of Evaluation, Vol.19, No.1, pp1-19, 1998

Stephen Horn. *"GPRA: A Work in Progress"*, The Public Manager, 28(3), 1999

Talbot, Colin *"Public Performance-Towards a New Model?"* Public Policy and Administration. Vol.14, No.3, pp15-34, 1999

Wholey, Joseph S. *"The Foreword in Monitoring Performance in the Public Sector"*. ed. Mayne, J. and E. Zapico-Goni, New Brunswick: Transaction Publishers, 1999

第三章　構型理論之績效評估制度

壹、前言

　　我國行政機關之績效評估制度，在組織及政策評估部分，源自於 1951 年訂頒之行政院所屬機關工作考成辦法；至於人員評估部分，源自於 1949 年公布之公務人員考績法。上開法規歷經數十年，為政府部門組織、政策（計畫）及人員考核重要依據。2000 年政黨輪替，由民主進步黨組成新政府，呼應先進國家改革的風潮，行政院於 2001 年頒布「行政院所屬各機關施政績效評估要點」及「行政院暨地方各級行政機關實施績效獎金及績效管理計畫」。前者規範行政機關組織績效評估，由行政院研考會負責推動；後者規範單位及個人的績效評估，由行政院人事行政局負責推動。

　　績效評估是公部門組織推動績效管理的重要機制之一，但確是一個愛憎交織的主題。學界一再呼籲績效評估應與公部門的管理與決策過程建立連結關係，但多數行政機關至今仍未採用有意義的績效評估系統（張四明，2004）。至產生評估標的如評估組織、群體或個體等混淆或重複，或日久流於形式主義，或所訂績效目標及評估指標無法與評估標的相連結，甚至有挑軟柿子吃（creaming）或資料造假（data corruption）的問題（Grizzle，2002；張四明，2004）。如此所產生的績效評估結果，與民眾感受自然會產生相當懸殊的差距，同時被評估的群體或個人亦有感到不平的現象。

　　公部門組織的目的是追求公共利益，與企業追求盈利的目的，是截然不同，如果仍以交易成本理論及資源基礎理論之成本、效益及效果指標評估組織績效，恐無法完全反應公部門組織實質的績

效。基於此，本文從組織構型理論之分類方法及整體觀察與多構面指標的觀點，針對公部門推動之績效評估進行反思，期以釐清績效評估標的系統，探討評估不同標的時如何釐定評估指標，以及同層級之評估標的而不同型態的構型，其績效評估結果應如何作比較，以提供未來重構公部門績效評估制度之參考。

本文採用質性研究，以文件分析、深度訪談及個案研究方式進行。本文次級資料蒐集主要有二個來源，一為文獻資料，另一為政府部門文件資料。在文獻資料部分，主要為回顧組織構型理論及績效評估理論，以作為本文研究理論建構的基礎。在政府部門文件資料方面，主要包括銓敘部、行政院研考會、行政院人事行政局等相關法規、評估過程文件，以及政策法規相關文獻，以瞭解不同績效評估制度之背景、政策內容、推動過程及遭遇之問題。

本文在深度訪談方面，採立意抽樣方式選擇訪談對象，並以職務、學經歷及對本文主題熟悉度作篩選考量。除訪問銓敘部、行政院研考會及行政院人事行政局之政策規劃人員，以瞭解其政策發展過程外，並對中央部會之研考與人事部門各選擇十位單位主管人員進行訪問，就現行行政機關推動之不同績效評估制度間相互關係、評估構面、績效指標訂定及評估結果運用等問題進行訪談，以瞭解各項績效評估制度推動情形，以及被訪談者對不同制度的看法與意見。其次，在個案研究方面，本文選擇考選部為研究對象，蒐集考選部簡介、中程施政計畫、2005 年度執行計畫及績效報告進行分析，並訪談秘書、人事單位及業務主管，瞭解其作業流程及對績效評估制度的看法。

本文共分五部份，除第一部份外，第二部份旨在描述構型理論意義及其在績效評估上的相關研究；第三部份以考選部績效評估制度進行個案研究分析；第四部份以構型理論分析績效評估相關問題，提出本研究結果，建構公部門績效評估制度；第五部份為結論，同時陳述本文政策與管理意涵。

貳、構型理論與公部門之績效評估

　　從先進國家如美國、英國、日本等及我國現行公部門之績效評估觀之，大多強調績效導向、成果導向，提昇生產力及降低成本等績效指標之制度設計。上開制度較偏向於系統理論之封閉系統（close system），以效率或績效改善為目標，集中在規劃或控制等觀點，只對目標達成有正相關的變數併入系統中，並只能在所謂應該的範圍內變動，以及將這些變數訴諸統一的控制網絡，以尋求確定性條件，而將其它影響或外生變數（exogenous variables）排除在系統之外。依此所建構的績效評估指標，多以交易成本理論及資源基礎理論之經濟、效率及效能等指標分析績效，忽略影響組織不同層級績效之環境、業務特性、策略、決策、領導、談判與溝通，以及個人動機與需求等因素，致評估績效的結果與實際績效有相當大的差距。本文試圖擷取構型理論（configuration theory）之分類方法、多構面群組（multidimensional constellation）及不同構型可產生殊途同歸（equifinality）效果等觀點，檢視現行績效評估制度，提出改善作法。

一、構型理論要義

　　構型理論係指將組織視為一種觀念上不同的特徵，但卻同時一起發生之特質要素所組成的多構面群組（徐木蘭等，1998）。這些構面包含環境、產業、技術、策略、結構、文化、意識型態、群體、成員、程序、實務、信仰及結果，它們可聚集成「構型」或完形（gestalt）（Meyer 等，1993）。依此理論，人們應從多重角度、而非僅採單一角度來分析和解釋組織現象。當要素間達成一定均衡時，即形成一種構型；而當要素的動力累積至一定程度時，將突破原有構型，轉

變至新構型。有時不同的構型會產生相同的結果，例如科層組織與
有機組織可能同樣面臨績效不佳、人員流動率高的現象，即產生殊
途同歸效果。

　　構型（configuration）或完形（gestalt）的意義為形式（form）
或型態（pattern），起源於 Wertheimer（1912）發表論似動（apparent
motion）的一篇文章，主要研究在心理及行為主義的領域，後續主
要研究學者有 Koffka 及 Kohler 等（劉坤輝，1978）。Wertheimer（1912）
視組織為一整體，而整體不僅僅是由各個成分之總和來表達，整體
仍有其自有的部分。有時，我們輕易地犯了錯：從部分以瞭解整體，
其實應先瞭解整個構型，方能了解其組成部分之屬性。因而，分析
組織不同層級績效時，應由上而下，而非自下而上。

　　Mintzberg（1979）認為組織會成長及擴張，組織內的部門形成
專業化分工，成員也益加多元化，組織（特別是大型組織）乃由策
略頂端（strategic apex）、中階直線管理（middle line）、作業核心
（operating core）、技術結構（techno structure）及幕僚（support staff）
等五個基礎部分所組成。Mintzberg（1981，1983）又進一步指出各
種組織構型係由上述五個對組織施加不同拉力的組件所構成，後又
增加施加團結（together）拉力的意識形態（ideology）與施加分離
（apart）拉力的政治行為（politics）兩種結構組件。Mintzberg（1996）
根據結構組件，將組織歸類成七種基本組織構型：創業型組織
（ entrepreneurial organization ）、 機 械 型 組 織 （ mechanistic
organization）、專業型組織（professional organization）、多角化組織
（diversified organization）、創新型組織（innovative organization）、
任 務 型 組 織 （ missionary organization ） 及 政 治 型 組 織 （ political
organization）。組織構型雖有型態類別的不同，但 Mintzberg 認為在
現實生活中並沒有辦法從學理上導出最佳組織構型。現實生活中的
組織構型須考量組織內部各結構組件的一致性，以及結構組件與環

境系統的配適問題，以創造符合自身需求的組織構型。同一環境系統下，不同組織構型可能亦會產生殊途同歸的組織效能。

二、構型理論之研究方法

　　構型研究可幫助人們藉由排序（order）及將文件歸類於一些間斷或相對的同質群體上，以瞭解其所處的世界，其方法為類型學（typology）與分類學（taxonomy）。類型學是有系統地將複雜資訊予以儲存與檢索，就理論目的言，類型研究的優點可在觀念上將系列的屬性形成構型，因而類型的分類具有系統編纂（codification）及預測的雙重功能（Rich，1992；Mckelvey，1925）。對組織的分類，可說是組織理論研究的根源，我們可以藉由分類方法來瞭解組織的多元性。基本上，分類研究一直被視為組織理論的主要教義（tenet），而傳統的組織理論研究一直在尋找：有多少不同類型的組織，以及各種類型組織有哪些組織功能。對這些研究真相的呈現，非應用分類學不為功。然而，對組織構型的研究，在分類過程中，Meyer，et. al.（1993）認為應遵守兩項原則：一致性（consistence）與整體性（integration）。這兩個原則隱含地說明組織的型態數目是有限的，同時也表達了我們要想瞭解組織的內部要素須經觀察組織的整體型態才可。

　　組織學者將構型研究區分成兩派：類型學者（typologist）與分類學者（taxonomist）（Meyer，et. al.，1993），前者通常遵循著 Weber 的理念型（ideal type）邏輯，以強調以能達到勾勒出組織之間的先驗特色（priori distinctions）之重要特徵為要務，如 Weber 的三種權威類型、Burns and Stalker 的有機式與機械式組織等；而分類的邏輯在於實證歸類（empirical classification），其方法是奠基於多重構面的多變量分析，包括結構、程序、策略及組織系統等，如 Miller and Frisen（1980）藉由對組織的大樣本長期觀察，利用統計研究來產生

構型。本文為探索性研究，僅應用構型理論中類型學及分類學之分類方法，先對組織構型進行資料上歸納分析，來獲得績效評估所要評估的構面、指標及其應用意涵。至於實證及統計方法之應用，為後續研究的部分。

三、構型理論與組織績效相關之研究

　　構型理論在績效評估上的應用，於國內外相關研究文獻上數量不多，而1993年在美國舉辦之Special Research Forum on Configuration中，就有五篇論文集中在組織層次實證研究上，對構型理論在組織層次研究領域上的應用具有貢獻。這五篇論文，其中Doty、Glick and Huer的二個組織類型之比較，以解釋不同群體的效能差異；Buker、Dougllas and Cullen指出不同的組織構型可視為對變動與穩定的競爭力量；Ketches、Thomas and Snow以研究策略群組與績效的關係，認為以理論為基礎的研究法適合產生更為一致性的構型績效關係；Keck and Tushman研究環境、科技、組織變革與高階主管之效應，發現組織層級的構型改變會引起對高階結構的變化，更甚於科技的變化與環境的變動；Ostroff and Schmitt研究組織效能與效率關係，視組織效能為一個多重構面的構型建構（construct），認為不同的組織程序與外部資源特徵的構型會產生不同的結果。Meyer，et. al.（1993）認為上述研究提供了構型理論在實證與理論的觀點，如在建構構型理論上使用縱軸性和歷史性的方法來觀察組織的改變；對漸進式與不連續式的改變效應的預期；以及跨構面（across dimensions）的績效分析等。

　　此外，在群體層次的構型理論研究方面，Emery及Trist（1969）的社會科技理論，認為組織是由社會及科技兩項元素所構成，工作群體的設計須考慮這兩項元素，其中社會科技取向的工作群體設計觀念是繼承構型理論。我們將構型理論適用於群體層次之研究，問

題在於：那一種任務、社會、職權與報酬的構型，相容於那一種組織類型上。Hackman 及 Oldham（1980）以社會心理學的觀點，進行工作群體設計方面之研究，認為有三項因素與工作群體之效能有關，分別為設計的特色（如任務設計、群體組成、群體規範）、人際的因素（如協調、知識分析、工作績效的策略）與組織的因素（如報酬、訓練、任務限制）。

　　在個人層次的構型理論研究方面，最有名者為 Jung(1928)。Jung 認為個性類型（personality typology）可用二個構面來描述，一個是決策型態（思考 vs.情感），另一個是資料輸入型態（感覺 vs.直覺），因此共有四種個性型態。此架構整合構型理論的兩個重要假設：屬性的殊途同歸性與非線性。據 Jung 的研究，發現不同的個性類型，對相同的環境有不同的解釋。

　　對個人與組織的適配問題，Chatman（1989）提出組織的規範及價值與個人價值間須一致，才能有利於組織的成果，而 Schneider（1987）也認為個人與組織須能適配，才能達到組織的和諧性。上述研究雖假設屬性與成果（outcome）間為既線性又決定性（determinism）之關係，但其所提出之「和諧理論」，實可擴充為構型模式（model）。從需求的動機理論，亦有一些可適用於構型理論。傳統理論認為人的需求是間斷的，且具階段性，實際上並非如此，人在某些時候可能同時存在多種需求。從構型觀點，可將人類需求歸納成幾種不同型態（patterns），這對人的行為及激勵之研究，有新的啟示。工作特徵模式（job characteristics model）亦可適合而擴展為構型模式。Hachman 及 Oldham（1980）認為工作的某些屬性對組織具有相乘或相加效果，而屬性間也具有互補關係，其實可嘗試以非線性、非互補的構型模式，來描述屬性間之關係。另外，人與工作適配問題、人與領導（leadership）之關係，都適合以構型觀點進行研究。

　　從上述對構型理論之回顧中，我們得知在現實生活中沒有定型的最佳組織構型，組織須考慮內部組件之一致性，結構組件與環境系統的配適，來創造符合自身需求的組織構型，以張顯其績效。構型理論之類型學及分類學可作為研究組織中有關垂直與水平不同構型績效之分類。在組織結構與績效關係上，略可分為組織整體面、群體面及個體面三個層次，每一層次具有不同的類型，而每一層次之類型的組成構面（屬性）亦均不同，且為多重構面間之交互作用，進而影響整體績效，故須從上往下逐層分析，並以整體觀點來觀察績效。組織或內部層次之類型或有不同，但會呈現殊途同歸的效果。綜合以上論述，本文試圖參採構型理論之類型分類、組織不同層次之多構面群組，運用在公部門績效評估制度中，來建構評估標的、評估指標及評估結果之應用。

參、個案研究——考選部績效評估制度分析

　　考選部成立於 1948 年，隸屬考試院，負責全國考選行政業務，置部長一人；政務次長、常務次長各一人；內部分設考選規劃司、高普考試司、特種考試司、專技考試司、題庫管理處、資訊管理處等六個業務及技術單位，及總務、秘書、人事、會計、統計、政風等六個輔助幕僚單位；總員額編制 269 人。考選部為推動績效評估制度，於 2004 年訂定四年中程計畫（2005～2008），以開展新視野、新思維及新作法，選拔國家優秀公務人力及專業人才，扮演國家競爭力之推進者為組織願景，擬定五大策略包括：建構與國際接軌之考選制度、開創具信度之考選技術、建置質量俱優之 e 化題庫、提昇顧客導向之服務效能及精進零缺點目標之試務品質，並提出 12 項績效目標及 32 個衡量指標。其次，為落實中程計畫願景、策略及目標，每年度由各單位依據中程計畫之績效目標與指標研提年度執行

計畫，例如 2005 年度執行計畫，各單位共研提 62 項重點執行工作及 69 個衡量指標，作為各單位年度工作執行及年終績效評估的依據。而各單位績效評估結果，亦作為當年度分配個人考績甲等比例的依據。茲依構型理論分析其績效評估制度如下：

一、評估標的

　　考選部依組織法規定主管考選行政，下設 12 個單位（司、處、室），單位分科辦事，依業務量配置員額。考選部訂定有中程施政計畫及年度施政計畫，作為組織施政及績效管理的依據；各單位訂定年度執行計畫，作為單位年度工作執行及績效評估依據；另依據銓敘部頒布之公務人員考績法及其施行細則，以及年度單位績效評估結果，作為員工考核依據。由上述顯示評估標的垂直面可分為組織、單位及個人三個層次，而水平面由 12 個單位依業務性質發展不同衡量指標作為評估依據。

二、評估構面

　　從考選部績效評估體系中顯示，考選部訂定中程施政計畫及年度施政計畫，提出組織整體及年度策略與績效目標，作為引導組織績效的準則；每年度各單位訂定執行計畫，提出工作重點及衡量指標，作為單位績效衡量的準則；而個人績效係依據個人主管業務及公務員考績法規定之工作態度、工作表現、品德操行及學識經驗，作為員工年度績效衡量的準則。由上述體系顯示，組織以策略績效為主、單位以作業性績效為主、個人以年度工作表現為主。惟如果從構型理論觀點分析，該績效評估構面似乎未思考到影響組織、部門及個人間相關因素，例如組織績效會受到政府整體政策變動及外在環境政治、經濟及社會等因素影響；單位績效並非靠單一單位所

能貢獻的，如三個考試主管司的業務，必須依賴法規、試務流程及
資訊等配合，部門間績效存在交互作用的關係，亦並非業務單位績
效必定優於技術或幕僚單位；而個人績效除了工作表現外，個人價
值觀、工作的適配度等均影響其績效，且個人間共同執行績效亦難
以區隔。

三、績效指標

　　從考選部績效評估標的與構面觀之，考選部確實已建構一完整
策略管理績效評估體系，然從其策略面到作業面衡量指標分析，仍
未跳出傳統績效指標的三 E 模式（效率、效果、經濟）。構型理論主
張從多構面績效指標及整體觀點建構績效評估指標，就組織績效而
言，外部環境、組織內部結構及高層領導能力等為影響組織績效的
重要因素；就單位績效而言，單位間互動溝通、人力素質及任務的
複雜度為影響單位績效重要因素；就個人績效而言，個人價值觀、
動機、學習意願及工作適配度為影響個人績效的重要因素。

四、評估結果的應用

　　考選部在年度結束前，由常務次長主持，召集參事、研究委員
組成評估小組，根據各單位提出的自評報告評估單位績效，其評估
結果作為各單位員工考列甲等比例參考，此作法確已較現行公務員
考核作法跨出一大步。然以 2005 年考選部績效評估結果為例，特優
者為規劃司、資訊處；優等者為特考司、專技司、題庫處、總務司；
良好者為高普考司、秘書室、人事室、會計室、統計室及政風室。
由上述評估結果顯示，仍難跳脫業務單位優於幕僚單位傳統思考。
從 2005 年考選部各單位提出的成果報告分析顯示，會計室的年度預
算執行率達 99.75%，並在追加二次動用國庫第二預備金下仍可如期

執行完成，其成果可謂全國行政機關預算執行成效之冠，然在組織中績效只能評定為良好；其次，考選部三大考試司業務必須靠各部門通力合作、規劃司提出的政策必須靠主管單位落實執行，其間的績效如何認定，亦需靠評估技術予以解決。構型理論主張不同單位可產生相同結果績效之殊途同歸觀念，對於績效評估結果的應用上，確有啟發的作用。

肆、公部門績效評估建構之研究結果分析

一、現行公部門績效評估相關制度分析

　　我國行政機關之績效評估制度，最早實施的為 1949 年頒布之公務人員考績法及根據考績法訂頒之公務人員考績法施行細則，主要為對全國公務員進行之個人年度績效考核；其次，為 1951 年實施之行政院所屬機關考成辦法，根據該辦法考核內容的發展，經歷組織績效考核、政策（計畫）考核及施政重點工作考核等不同時期，主要變動原因為首長重視施政面向不同，以及評估結果公平性遭質疑而調整（邱吉鶴，2001）；到 2000 年政府執政黨的輪替後，新政府順應先進國家績效管理風潮，於 2002 年先後訂定「行政院所屬機關施政績效評估要點」及「行政院暨地方各級行政機關實施績效獎金及績效管理計畫」，前者為參照美國政府績效與成果法（GPRA）所推動之組織績效評估制度，後者為依績效管理與激勵理論所推動之組織內單位（團體）及個人績效評估制度。就上述四種績效評估制度的重點內容整理如表一。

表一　公部門績效評估制度彙整表

法規類別	公務人員考績法及其施行細則	行政院所屬機關考成辦法	行政院所屬機關施政績效評估要點	行政院暨地方各級行政機關實施績效獎金及績效管理計畫
公布時間	1949 年	1951 年	2002 年	2002 年
法規主管機關	銓敘部	行政院研考會	行政院研考會	行政院人事行政局
適用範圍	全國公務人員	行政院所屬機關中央其他機關及地方政府準用	行政院所屬機關	全國各行政機關
評估構面	個人	政策（計畫）	組織	單位（群體）及個人
評估目的	公務員年度績效表現，作為個人年度考績依據。	評估行政機關年度施政計畫執行績效，達到施政目標程度。	評估行政機關組織整體績效，引導組織策略發展與改革。	將行政機關績效管理與績效獎金制度結合，激勵團隊合作與個人表現。
評估指標	個人之工作、操行、學識及才能	政策之作為、執行進度、經費運用及行政作業	組織之業務、人力及預算	施政及革新工作、個人貢獻程度
評估方法	經由主管人員評擬、考績會初核、機關首長覆核，送銓敘部銓敘審定	重大政策（計畫）經由主管機關自評、上級機關初評，再送行政院複評；其他政策（計畫）由主管機關自評。	經由主管機關自評，再送行政院複評	由主管機關成立績效委員會自行評估
評估等第	分甲、乙、丙、丁四等	分優、甲、乙、丙四等	分優、甲、乙、丙四等	團體績效分三級以上等第，個人衡酌貢獻程度

激勵方式	作為發放年度考績獎金依據	績優執行機關頒發獎牌，績優執行人員記功嘉獎	績優機關頒發獎牌，績優人員公開表揚及記功嘉獎	頒發績優團體及個人獎金

　　根據上述行政機關之不同績效評估制度，就可評估標的（對象）、評估構面、績效指標及評估結果應用等面向再彙整如表二。

表二　現行公部門績效評估之結構與內涵

評估標的	評估構面	使用指標	評估結果應用
組織層次	・業務 ・人力 ・經費	・業務目標達成率 ・人力運用與精簡 ・經費執行效率及節省	不同型態組織依評估構面之業務、人力及預算等三面向選擇其績效指標，訂定衡量基準，並就評估結果作水平比較。
群體層次（部門）	・政策作為 ・政策執行 ・經費運用 ・業務創新	・政策挑戰性與目標達成率 ・政策執行效率 ・預算執行率 ・業務創新數量	依群體（部門）執行之政策訂定績效指標及衡量基準，並就評估結果作水平比較。
個人層次	・工作態度 ・工作表現 ・品德操行 ・學識經驗	・工作配合度 ・執行工作表現 ・個人品德 ・專業知識與經驗	依公務人員考績法及施行細則明定，全國公務員一體適用，並依評定等第作為發放考績獎金依據。

二、構型理論觀點之績效評估

　　從現行公部門績效評估之結構與內涵（表二）及個案研究中顯示，公部門績效評估架構已具組織、群體及個人等層次，惟在評估

構面上較偏向於業務與政策執行構面;所使用之績效指標也偏向於組織及政策執行效率與績效改善,以及個體之品德、學識與執行能力,且各項指標適用於不同構型組織,並作水平比較。現行公部門績效評估的構面與指標,顯然忽略影響組織績效之環境、策略、決策、領導及個人動機等因素,致評估結果與實際績效有相當大的差距。

　　Arrow(1969)認為科層性的結構正是組織的重要變數,評估組織績效時,應將它考慮進去。為了修正現行公部門績效評估制度,本文將上節所陳述的構型理論加以應用,藉類型學及分類學之分類方法,來瞭解現行公部門組織的多元性。再從組織結構與績效關係中,以組織整體面、群體面及個體面等三個層次對我國現行公部門績效進行制度面建構的研究。本節就是根據構型理論的觀念,來探討現行公部門績效評估中之評估標的、績效指標及評估結果之運用等面向的建構,提出公部門績效評估制度之雛型,如表三。

表三　公部門績效評估制度雛型

評估標的	評估構面	使用指標	評估結果與應用
組織層次	環境	國際議題回應能力、政治議題回應能力、社會議題回應能力、與民意代表之關係、回應服務標的民眾問題能力、危機處理能力。	組織依其設置目的不同而有不同類型,應作適當水平的分類;依不同類型組織慎選績效指標;不同組織績效依構型理論思考,應有殊途同歸效果,比較時宜在公平合理基準下進行。
	策略	政策前瞻性、民意代表瞭解程度、內部主管及工作人員瞭解程度、服務標的民眾或團體瞭解程度。	
	組織結構	組織任務與結構適配度、組織結構與環境適配度、組織結構大小、指揮體系明確度、權責明確度。	

組織層次	流程創新	學習與創新小組運作情形、SOP 建置、對業務貢獻度、激勵措施、員工參與度。	
	業務執行力	組織總體目標達成度、重大政策目標達成度、服務標的民眾或團體滿意度、總預算執行率、重大政策預算執行率。	
	高層領導力	領導者專業與管理能力、資源爭取能力、與外部溝通談判能力、員工之評價、社會之評價。	
群體層次（部門）	任務	部門任務複雜度、相關法規執行困難度、需要專業能力程度。	公部門組織中之功能分工，大致分為業務（直線）及幕僚二大類型部門，業務性質差異大；依不同部門慎選績效指標，在公平合理基準下進行比較。
	政策執行力	政策規劃能力、政策目標達成度、與不同機構或單位協調溝通能力、部門員工合作度、政策預算執行率。	
	人力資源	員工平均學歷、經歷及年齡、員工參與學習頻率、人員訓練計畫、資訊能力。	
	主管領導力	主管專業與管理能力、溝通整合能力、員工之評價、上級主管之評價、政策執行親自參與度。	
個體層次	動機與需求	工作動機、特殊需求滿足、個性、品德與操守。	個人績效依其個人特質、工作屬性、個人與工作適配度而異，亦受制度與領導者影響，應依其特性建立差異性指標，在公平合理基準下進行比較。
	價值觀	個人成長背景、價值觀與組織價值差異情形、組織認同度、與同仁相處、工作配合度。	
	工作適配度	工作屬性、個人專業能力、管理能力、參與工作團隊意願。	
	個人成長力	個人學歷、工作背景與經驗、進修情形、學習意願、著作或發明數量。	

（一）評估標的

　　在組織中進行績效評估，首先須確認的是評估什麼，也就是評估的對象為何。依組織的結構而言，組織可分為組織整體、部門及個體等不同層次，邱吉鶴（2004）在編印《政府績效評估》中，提出績效評估對象層次，大致可分為組織績效、政策（作業）績效或部門績效及個人績效等三個層次。從構型理論之分類觀念，由於每一層次之組成構面（屬性）不同，學理上理應要有明確的分類；再就我國政府部門相關之績效評估制度（如表一）觀之，大致已具有上述三個不同層次的雛型，因而對組織的評估標的分成三個不同的層次，在學理與實務上都有其必要性。惟仍有一些問題值得探討，例如績效評估制度之評估標的作縱向（垂直）分類外，是否也需考慮作橫向（水平）分類？Mintzberg（1996）依組織結構的組件不同，將組織分成七種基本組織構型，而在政府組織中，依其設置目的區別亦可分為社會行政、公共建設、科技發展及企劃幕僚等類型組織。若從 Mintzberg（1979）組織的五個基礎來論述群體層次部分，在政府組織中，依其內部功能分工，大略可分為業務部門及幕僚部門，而每一部門業務性質均有很大差異。從個體層次觀察，依現行公務員職系分類計分為 94 個職系，而個人在組織中因不同部門，負責不同業務，應具備之專業能力亦常有很大差異。另者，個體與個體在組織中工作具有互賴性，如何區別單一個體的績效，是否會產生搭便車（free-ride）效果等，在績效評估過程中可算是具有挑戰性的問題。

（二）評估構面

　　在確認評估標的後，接著要知道的是影響評估標的績效的因素為何？那些評估標的構面與績效相關？從那些構面來觀察評估標的之績效？現行公部門績效評估多注重在業務、人力、預算等構面，

而構型理論主張將評估標的視為多構面群組，使用縱軸性和歷史性方法觀察，以及應用跨構面的績效分析。構型理論在組織層次之相關研究中指出，環境、科技、外部資源、組織年齡、大小、策略、變革、程序、行政團體及高階主管均與組織績效相關；在群體層次相關研究中指出，組織設計特色、人際因素及組織因素與工作單位績效相關；在個體層次相關研究中指出，個性、價值觀、動機、需求、工作屬性、個人與工作適配及領導等與個人績效相關。

　　因而本文根據構型理論既有文獻對各層次相關因素的實證研究，以及從我國公部門運作的社會、政治與環境等因素長期的觀察與訪談意見的綜合，歸納公部門組織層次的評估構面包括：環境、策略、組織結構、流程創新、業務執行力及高層領導力等；群體（或部門）層次的評估構面包括：任務、政策執行力、人力資源及主管領導力等；個體層次的評估構面包括：個人動機與需求、價值觀、工作適配度及個人成長力等。

（三）績效指標

　　績效指標須具備信度（reliability）及效度（validity），才能有效的評估出標的（對象）確實績效，降低被評估標的（對象）的質疑與不平。因此，績效指標可以說是績效評估制度的核心。最常見的績效指標有所謂的 3E 模式，即經濟（economy）：考量投入成本與資源、效率（efficiency）：考量產出與資源、效能（effectiveness）：考量產出與結果。此模式係基於交易成本理論及資源基礎理論的觀點來建構績效指標，而現行公部門績效評估指標大多採用此模式。實務上，影響績效因素，除經濟、效率與效能外，環境、組織結構、制度、領導者等因素對績效均具重大影響，這也就是構型理論所主張的，要從整體觀點觀察績效。若從組織結構及影響績效因素層面來思考何種因素才能真正反應評估標的之績效，則構型理論之多構面群組績效指標及整體觀察績效的觀點，是值得在建構績效指標時

予以採納而重新思考。如在組織層次方面,除了組織業務執行效率
與效能指標外,尚可增列如環境(國際、政治、社會議題回應能力、
民眾問題回應能力、與民意代表關係、危機處理能力等)、策略(策
略前瞻性、民意代表、內部員工及服務群體或個人瞭解程度)、組織
結構(組織任務與結構適配度、組織結構與環境適配度、組織結構
大小、指揮體系明確度、權責明確度)、流程創新(成立小組運作、
SOP建置、對業務貢獻度、激勵措施、員工參與度)、高層領導力(領
導者專業與管理能力、資源爭取能力、員工評價、社會評價)等指
標;在群體(部門)層次方面,除了政策執行力指標外,尚可增列
如任務(部門任務複雜度、相關法規執行困難度、需要專業能力程
度)、人力資源(員工平均學、經歷及年齡、人員訓練計畫、知識管
理計畫、資訊能力)、主管領導力(主管專業與管理能力、溝通整合
能力、政策執行親自參與度、上級主管評價、員工評價)等指標;
在個人層次方面,除了個人能力與品德外,尚可增列如個人動機與
需求(工作動機及需求滿足)、價值觀(個人成長背景、個人價值與
組織價值差異、組織認同度)、工作適配度(工作屬性、個人專業能
力、管理能力、參與工作團隊意願)、個人成長力(個人學歷、工作
背景與經驗、進修情形、學習意願、著作或發明數量)等指標。

(四)評估結果的應用

績效評估最後的結果,經常會產生一份報告,而報告內容展現
包括績效等第、優缺點或建議改善事項等。然而須釐清的二個問題
為:一、組織中不同層次包括組織整體、群體及個體之績效評估結
果是否相關?二、同一層次(組織、群體或個體)間績效評估結果
是否適合作比較或應如何比較?

首先,討論組織整體、群體及個體之績效之相關性。構型理論
主張整體為部分組件形成,但整體績效不是各部分之總和;且部分
為整體所決定,故評估時應由上而下,而非自下而上。依構型理論

的思考方法，組織整體由群體組成，群體由個體組成，在組織結構上具連結關係；但是組織整體績效並非群體績效的總和，群體績效並非個體績效的總和，因整體績效還需賴於群體間之交互作用關係的結果。在評估組織績效時，應先分析組織整體績效，次分析群體績效，再次分析個體績效。

　　其次，同一層次不同的組織、群體或個人間績效是否適合比較或應如何比較？構型理論主張各構型之組件不同，但亦可達到殊途同歸的效果。依構型理論的思考方法，同一層次之不同構型應可作比較，其問題在於每一構型均由不同的組件（屬性）所組成，是否能找到不同構型具信度與效度的績效指標？其評估的基準是否適當？若是，才能在公平合理基礎上作比較。

伍、結論

　　本文運用構型理論之研究方法與思考模式，針對公部門績效評估制度進行重新建構的論述，經初步探索研究結果包括：一、績效評估應先行明確分類，確認評估標的；二、評估指標建構宜採多構面群組；三、不同構型的評估標的，具有殊途同歸的效果，可在公平合理基準下進行水平比較。

　　其次，本文從構型理論建構績效評估，在研究方法上產生的意涵為，應用構型理論之類型學及分類學，將有助於公部門績效評估制度之評估標的（對象）進行垂直或水平的分類；構型理論所強調的多構面屬性組成因素，將有利於在研究不同評估標的時，可應用迴歸方法或多變量分析，來找出與績效相關的屬性；構型理論強調實證及統計方法，將有利於建構不同評估標的之績效指標時，採用實地調查及統計分析之實證方法，本文將可採用此方法進行後續的研究。在政策與管理上所產生的意涵為，利用構型理論，從組織基

本結構的屬性評估績效，擴展原由基於交易成本及資源基礎理論之經濟、效率及效能等指標，而將環境、組織結構、制度等因素一併納入考量；構型理論主張組織的組成屬性不同，而有殊途同歸的效果，打破傳統上認為公部門官僚層級組織績效不如其他類型組織的觀念；構型理論強調組織存在不同層級，但單位（部門）績效加總不等於整體組織績效；個體績效加總不等於單位（部門）績效，整體績效也應考量由其構成屬性間相互作用所產生的效果才可。這意謂著整體組織績效不佳，不表示單位（部門）績效一定不佳；單位（部門）績效不佳，不表示個體績效一定不佳，打破傳統績效評估的月暈效應（halo error），在管理上具有重大啟示；構型理論強調組織中組成屬性突發性的改變會影響績效，同時重視過程與最後結果的績效，對以成果為導向之績效管理觀念具有挑戰性。

　　本文因為初步的探索研究，其研究結果有待進一步的驗證。從思想發展的立場言，我國傳統上對公部門績效的評估，狹隘地受限於交易成本與資源基礎理論的運用，而以構型理論的觀點來建構更為週延的績效評估制度，擴大評估採用因子，使評估的理想與實際的誤差真能縮小。然而，就本文建構的內容，在論述上似已達到這個目標，但在實務上，仍需驗證。

　　（本文原載於第二屆公共事務與公共行政青年論壇，佛光大學人文社會學院，2006 年 7 月。）

參考書目

考選部，2005，〈考選部簡介、中程施政計畫、執行計畫及績效評估報告〉，臺北市。

行政院研考會，2004，《政府績效評估》，臺北市。

丁志達，2003，《績效管理》，臺北市：揚智文化。

司徒達賢，2005，《管理學的新世界》，臺北市：天下遠見。

邱吉鶴，2001，《行政機關績效評估制度之研究》，臺北大學企管系碩士論文。

徐木蘭等，1998，《環境變遷下資訊業生態形成的軌跡──以開放性組織觀點探討電腦週邊產業，行政院國家科學委員會專題研究報告》。

高強、黃旭男、Toshiyuki Sueyoshi，2003，《管理績效評估──資料包絡分析法》，臺北市：華泰文化。

張四明，2004，公部門實施績效管理的省思與展望，收錄於行政院人事行政局編印《行政機關績效管理暨績效獎金制度學術研討會專刊》，臺北市：行政院人事行政局。

張肖松，1981，《心理學史》，臺北市：國立編譯館。

潘淑滿，2003，《質性研究》，臺北市：心理出版社。

劉坤輝譯，1978，《完形心理學》，臺北市：天馬出版社。

謝臥龍主編，2004，《質性研究》，臺北市：心理出版社。

Arrow, K. J., Organization and Information, The Limits of Organization, pp33-43.

Burn, T., & Stalker, G. M. 1961. The management of innovation. London: Tavistock.

Chatman, J. A. 1989. Improving interactional organizational research: A model of person-organization fit. Academy of Management Review, 14: 333-349.

Chatman, J. A. 1991. Matching people and organizations: Selection and socialization in public accounting firms. Administrative Science Quarterly, 36: 459-484.

Doty & Glick, 1994, Typologies as aunique form of theory building: toward improved understanding and modeling. Academy of management Review, Vol.19, No.2, 230-251.

Emery, F. E., & Trist, E. 1969. Socio-technical systems. In F. E. Emery (Ed.), Systems thinking: 21-32. Harmondsworth, England: Penguin.

Ghoshal, S., & Moran, P., 1996. Bad for Practice: A critique of the tranaction cost theory, Academy of management Review, pp.13-47.

Grizzle, Goloria A. 2002. Performance measurement and dysfunction. Public performance & management Review, 25/4 (June): 363-369.

Hambrick, D. C. 1984. Taxonomic approaches to studying strategy: Some conceptual and methodogical issues. Jauranl of management, 10: 27-41.

Mckelvey, B. 1975. Guidelines for the empirical classification of organization. Administrative Science Quarterly, 20: 509-525.

Meyer, A. D., Tsui, A. S., & Hinings, C. R., 1993. Configurational approaches to organization analysis. Academy of management journal, Vol.36, No.6, 1175-1195.

Miller, D. 1987. The genesis of configuration. Academy of management Review, Vol.12, No.4, 686-701.

Miller, D., & Friesen, P. H., 1977. Stragege making in context: Ten empirical archetypes. Journal of management studies, 14: 259-280.

Mintzberg, H. 1979. The structuring of organization. Englewood Cliffs, Nj: Prentice-Hall.

Mintzberg, H. 1981. Organization design: fashion on fit? Harvard Business Review January-February 1981, 103-116.

Pfeffer, J., & Salancik, G. 1978. The external control of organizations: A resource dependence Perspective, New York: Harper & Row.

Pfeffer, J. 1997. Organization performance. New York: Harper & Row.

Thompson, J. D., 1967. Organization in action. New York: McGraw-Hall.

Quinn. R. K., & Rohrbaugh, J. 1983. A spatial model of effectiveness criteria: Towards a competing values approach to organizational analysis. Management Science, 29: 363-377.

Rousseau, D. M. 1985. Issues of level in organization research: Malti-level and cross-level perspectives. In B. M. Staw & L. L. Cummings (Eds), Research in organizational behavior, Vol.7: 1-37. Greenwich, CT: JAI Press.

Schneider, B. 1987. The people make the place. Personnel Psychology, 14: 437-457.

第四章
交易成本理論之公共工程執行績效評析

壹、緒論

公共工程乃是國家基礎建設及經濟發展的動脈之一，有助於提升國民生活品質，促進其他產業的發展。新興或先進國家無不運用推動公共工程的策略，帶動國家長遠的建設及產業的發展，甚至在遇到經濟蕭條時，利用加速推動公共建設刺激內需，穩定市場經濟。但是，公共工程大都具有工程複雜及政府必須投資龐大預算等特性，如果公共工程執行落後及預算未能支用，將造成資源閒置及財務拖累（Heller，1996），亦可能阻礙了經濟的成長，因此，公共工程執行績效為社會重視及詬病的主要課題之一。

公共工程的執行績效，乃在維持環境如常、安全無虞的前提下，達到工程完工如期（on schedule）、造價如度（within budget）及品質如式（to the quality）的執行目標（李得璋，2004：449）。衡諸目前政府評估公共工程績效，早年大都以工期及預算執行作為績效衡量的指標，近年已逐步將工程品質納為評估的指標；惟在評估過程中，乃著重於公共工程執行期程、預算及品質的數據檢討，對於因執行落後所引發的成本或經濟影響效應，則甚少作深入的探討，無法顯示公共工程執行實質的績效，亦忽視公共工程執行相關根本的問題。

回顧國內公共工程執行績效評估的相關文獻，大都研究者偏重於公共工程評估方法、績效指標及預算執行效率的研究，尚未有從

公共工程執行過程結構及成本效益的觀點，進行深入的研究分析；因此，本文試圖從公共工程交易活動的流程分析切入，找出公共工程可能產生交易失靈（transaction failure）的因素及可能發生的成本，以為未來公共工程執行績效評估及相關研究的參考。本文研究目的有二：1、瞭解公共工程執行過程相關影響因素，以作為未來公共工程執行的參考；2、提出公共工程成本結構模式，以為評估公共工程成本效益的參考。

　　本文共分為六部份，除第一部分外，第二部份為文獻回顧，綜析公共工程的定義、影響公共工程執行因素及公共工程成本結構，第三部份提出本文的研究設計，第四部份進行北部第二高速公路個案分析，由個案研究中找出公共工程執行失靈的因素，以及所延伸的成本，提出公共工程執行不同類型成本模式，第五部份就文獻回顧及個案分析結果，設計調查問卷，檢測公共工程執行失靈因素與成本間關係，第六部份為結論。

貳、文獻回顧

　　本節定義公共工程的內涵，分析公共工程執行過程可能產生交易失靈的因素，再就交易失靈所延伸的成本，研析公共工程執行成本結構。

一、公共工程的定義

　　公共工程係指政府出資興建供公眾使用，以增進民眾福祉為目的之各項工程建設。根據政府公共建設計畫先期作業實施要點規定，公共建設計畫係各機關所推動之各項實質建設計畫，即總經費中屬經常門者不得超過資本門之二分之一。公共工程即指公共建設

計畫中屬工程性質者,依採購法第七條規定;所稱工程指在地面上下新建、增建、改建、修建、拆除構造物與所屬設備及改變自然環境之行為,包括建築、土木、水利、環境、交通、機械、電氣、化工及其他經主要機關認定之工程。

公共工程涵蓋的類型繁多,重大工程如高速公路建設計畫甚至涵蓋了所有不同工程類型。若從單一公共工程執行流程(活動)分析,包含規劃設計、土地取得、建築與開發許可證照取得、環境影響評估、公告招標、契約訂定、地上物拆遷、施工、監督管理、品質檢驗及驗收等過程(邱吉鶴等,2005:54~56)。而每一流程均為不同的交易活動,由政府主管機關與廠商、民眾或其他機關進行委託規劃、土地徵收、審查、許可、評估、招標、訂約及監督等交易活動。

二、公共工程執行失靈的因素

公共工程類型繁多,執行流程冗長且複雜,在單一工程案件之規劃、設計、審查、招標、施工、監督及驗收的執行過程中,任一環節遇到天然災害或人為因素,都有可能造成公共工程執行偏離原規劃的時程與軌道,即所謂的執行的失靈。在影響公共工程執行失靈的因素中,天然災害較難預測與預防,而其他影響因素,應可透過人為的規劃、溝通及預防等管理措施,降低公共工程執行失靈的現象。

任何一項公共工程從規劃、設計、審查、招標、施工、監督及驗收等執行過程,都是一系列不斷的交易活動,包括政府部門內部政策形成、溝通及審查的程序,以及外部市場與廠商招標、訂約、協商、監督及驗收等活動。而交易成本理論主要就在討論交易活動,除討論交易成本(transactions cost)及治理機制(governance form)外,交易失靈亦是討論的重點(Williamson,1985)。交易失靈的原因可歸類為人性、環境及交易標的等因素(Williamson,1985;1991),

人性因素包括有限理性及投機主義；環境因素包括了環境的不確定
性、少數交易、資訊不對稱與交易氣氛；交易標的物因素包括資產
特殊性、商品獨特性及交易頻次。本文根據交易成本理論的主張，
分析公共工程執行失靈因素如下：

(1) 有限理性（bounded rationality）：此為 Simon（1957）所提
出的，Williamson（1988）將其定義為人們在作成決策時蒐
集與處理資訊的有限能力，以及人們原企圖追求利益最大
化的理性行為，但因精神、生理或語言的限制，致使在交
易中行為並非完全理性的。

(2) 投機主義（opportunism）：Williamson（1988）將其形容
為狡點的追求自利（self-interest seeking with guile）行
為，由於交易過程中的不確定性，以及交易雙方的有限
理性，人們將傾向於投機主義，導致交易雙方基於尋求
自我利益而採取一些策略行為，彼此間隱藏著懷疑與不
信任。

(3) 環境的不確定性（environmental uncertainty）：交易成本分
析文獻指出，環境不確定與一項交易環境狀況無法預測相
關（Noordewier，John，and Nevin，1990），交易雙方無法
預見或控制環境的變動，在交易過程中常須付出較多的精
力與時間，交易雙方亦常預留寬裕彈性來調整彼此的供需
關係。

(4) 少數交易（small-number bargaining）：在環境不確定因素
中，技術亦為交易成本分析學者重要研究之一（Osborn &
Baughn，1990），由於技術專屬性，常為少數廠商所把持。
就公共工程而言，為克服特殊問題（例如隧道施工）或品
質的要求，必須採購特殊產品或運用特殊技術，常受限於
廠商的獨有技術，必須付出較長時間在蒐集資訊、議約及
監督等交易活動。

(5)	資訊不對等與交易氣氛（information impactedness and atmosphere）：由於環境變遷及人性的有限理性與投機主義，常使交易的一方較對方有較完整的資訊，此種資訊分配不對等性的情況，常阻礙交易的進行。另在交易過程中，交易雙方若是處於對立的立場，整個交易常充滿了懷疑與不信任的氣氛，交易過程將重視形式而不重視實質，徒增了搜尋、協議及監督等交易活動。

(6)	資產特殊性（asset specificity）：Williamson（1991b）提出主要類型資產特殊性，包括位置、物質（產品）資產、人力資產、商標資產、專注資產及短暫等六種特殊性，在許多交易成本分析的研究方面，資產特殊性常扮演相當重要的角色（Masten，et al，1991）。資產的特殊性會形成交易雙方（或交易的某一方）鎖進（lock-in）特定的交易關係中（Klein，1989）。

(7)	商品獨特性（the uniqueness of product）：交易商品獨特的程度越高，交易困難度越高，交易雙方在交易過程中所需投注於搜尋、條件談判及監督的時間與精力亦愈高。其次，若賣方的交易商品品質的可辨識程度愈低，買方愈須承擔相當程度的風險，為了降低風險，買方必須採取一些預防措施。

(8)	交易頻次（frequency of transaction）：在交易過程中，其他條件不變的情況下，交易頻次愈多，其交易活動愈形複雜。就公共工程而言，由於工程類型不一，所衍生的工程標案種類眾多（例如土木標、機電標等）；其次，如果公共工程規模或預算龐大，必須切割成多個標案發包，由於標案多，交易次數增加，所產生的協議、訂約、監督或違約等交易活動隨之增加，違約的風險亦隨之上升。

三、公共工程的成本結構

　　交易成本理論主張組織治理的交易決策包括交易行為與產品成本（production cost），一些研究發現治理機制是否適當，對產品成本的影響勝過交易成本（Klein，Frazier and Roth，1990），Rindfleisch and Heide（1997）則認為交易的分析應擴及到交易成本及產品成本兩個層面。但如從公共工程交易活動的過程分析，公共工程執行的成本除了產品成本及交易成本外，常因交易活動過程出了問題，引發其他成本的增加或新增，例如機會成本（opportunity cost）（Malone，1987；Ouchi，1979）、社會成本（social cost）（Coase，1991）及效用成本（utility cost）（Butler，1923；Hunt，2002）等，即如在交易活動正常狀況下，政府必須支付適當的交易成本及產品成本（或稱為實體成本，entity cost）；但是，一旦任何交易活動發生問題（亦即所謂交易失靈），必將導致工程進度的延宕，不僅交易成本增加，工程建造的實體（產品）成本，亦隨時間變動的物價、工資等因素影響而上升，甚至衍生（新增）有形或無形的機會成本、社會成本、效用成本。茲予以分析如下：

　　（1）產品成本：亦稱為工程實體成本，係指一項公共工程由政府部門委託廠商服務或施作、購買產權及補償損失所發生的成本。例如工程規劃設計、建築、用地徵收及拆遷等費用。

　　（2）交易成本：係指公共工程規劃與執行過程中所發生之交易對象尋找、資訊蒐集、協商、談判、訂約、監督管理及紛爭解決等消耗費用。

　　（3）機會成本：係指在政府有限額的預算下，因某一公共工程預算編列未能有效支用，而排擠到其他工程預算的編列與使用，亦即在原工程執行過程，發生交易失靈情況而新增的成本，就預算績效而言，甚少分析檢討。

（4）社會成本：係指公共工程執行落後或延長執行期程，對環境及民眾生活產生有形或無形的影響，亦屬衍生的新增成本，且為會計成本分析所欠缺的部分。

（5）效用成本：係指公共工程執行落後，所產生的工程延後啟用的損失及影響相關經濟活動的成本，常屬較難以分析的衍生成本，亦為政府機關所忽略。

綜上所述，吾人得以將公共工程興建的執行過程，可能發生的成本，分成兩種類型，第一種稱之為「正常型」，即是工程進度依原有規劃完成啟用，在執行過程中各項交易活動均屬「正常」，並無「失靈」情況發生，而其總成本則依原規劃之產品（工程）成本與交易成本兩種支用。第二種稱之為「失靈型」，係指工程無法依原規劃執行完成，而有進度落後或延長期程，亦即執行過程發生「交易失靈」的情況，其結果因工程進度延宕，不僅原規劃之產品（工程）與交易兩項成本俱為增加，且因而衍生新增機會成本、社會成本及效用成本，不僅難以估計，卻常為各界所忽視。茲將公共工程兩種類型成本分析列表如表一。

表一　公共工程成本類型比較

交易（活動）情況	正常型	失靈型
各種成本	產品（工程）成本 交易（活動）成本	產品（工程）成本↑ 交易（活動）成本↑ 機會成本＋ 社會成本＋ 效用成本＋

說明：1、本研究分析表列。
　　　2、「↑」代表成本增加。
　　　3、「＋」代表衍生新增成本。

參、研究設計

本文採取個案研究分析及問卷調查法。首先,選擇已執行完成具代表性的個案,蒐集其歷史資料進行分析,以解析其工程執行失靈因素及可能發生的成本結構;其次,根據文獻及個案資料,建構公共工程執行失靈與成本間分析架構,並設計問卷進行調查,以檢測二者間關係,此予說明如下:

一、個案研究

本文選擇工程複雜度高且發生交易活動失靈明顯之北區第二高速公路建設計畫,作為個案分析,廣泛蒐集交通部及所屬高工局、國工局之規劃、執行及評估報告與歷史文件,行政院經建會計畫審議文件,以及行政院研考會自 1985 年 6 月至 1996 年 6 月該計畫執行情形,分析整體計畫執行過程所產生的交易失靈因素及成本變動情形。就研究進程而言,首先進行深度訪談,包括交通部計畫主管人員、國工局實際負責工程執行之主管與工程人員、行政院經建會及研考會負責計畫審議與列管人員,共計二十五人次,針對計畫之規劃、審議、預算編列、工程施工及執行困難等問題進行深入瞭解,並聽取其看法與意見,俾作為個案分析與調查問卷設計的基礎參考資料。

二、問卷調查量化研究

本文蒐集相關研究與著作,以及近期公共工程規劃、執行與評估資料,藉以建構本研究分析概念架構如「圖一」。本文研究目的在於瞭解公共工程交易活動影響因素,以及建構公共工程成本分析模

式；根據第二節文獻回顧分析，本文以執行失靈之人性因素、環境因素及交易標的物因素三個構面為自變數；而人性因素包括有限理性及投機行為；環境因素包括了環境的不確定與複雜性、少數交易、資訊不對稱與交易氣氛；交易標的物因素包括資產特殊性、不確定性及交易頻次等構念。其次，以公共工程執行發生的成本為依變數，包括了產品（實體）成本、交易成本、機會成本、社會成本及效用成本的構念。

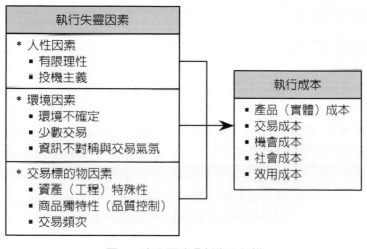

圖一　本文研究分析概念架構

　　根據本文概念架構與第二部份文獻回顧變數定義，以及深度訪談所得資料，設計調查問卷共 46 題，其中公共工程執行成本 14 題（產品成本 5 題、交易成本 6 題、機會成本 1 題、社會成本 1 題、效用成本 1 題），交易活動影響因素 25 題（人性因素 6 題、環境因素 11 題、交易標的物因素 8 題），基本資料 7 題；選定負責高速公路工程之交通部國工局、高工局執行人員及負責管制之行政院研考

會研考人員進行調查。針對問卷調查所獲得的資料，以 SAS 統計軟體為分析工具，以 Cronbach's α 值檢測問卷題項信度，以因素負荷量檢視自變項效度，並進行敘述性統計分析及迴歸檢測，呈現調查結果量化資料。

肆、個案研究——北區第二高速公路工程

一、工程概述

北區第二高速公路工程（以下簡稱本工程）興建的目的為紓解中山高速公路日益擁擠現象，以及解決北部區域公路整體容量不足問題。該工程網路包括下列路線，總長 102 公里：（一）主線：自中山高速公路汐止附近分出，經南港、木柵、新店、中和、土城、鶯歌、大溪、龍潭、關西、竹東，於新竹科學園區以南接回中山高速公路，全長 86.5 公里。（二）第二內環線：由主線鶯歌附近分出，經桃園南郊，接中山高速公路中正機場交流道，長約 11.7 公里。（三）臺北聯絡路線：由主線木柵分出，穿越姆指山至辛亥、基隆兩路交叉口止，連貫臺北市內快速道路系統，長約 3.8 公里。

本工程原規劃期程，自 1985 年 7 月開始規劃施工，預期 1991 年全部完工通車。惟於 1987 年開始用地取得及施工時，由於民眾抗爭、勞動力短缺、砂石供需失衡及隧道段地質不良崩坍等因素，致計畫期程調整四次，實際完工通車時間為：中和至新竹段率先於 1993 年開放通車；新竹竹南段、汐止木柵段及臺北聯絡線分別於 1996 年 2、3 月陸續開放使用；至於桃園內環線及木柵中和段工程，則於 1997 年 8 月開放通車，較預期全部完工通車時間延後 5 年 8 個月。

本工程於可行性研究階段，預估總需求預算 581.4 億元；次經細部設計重新按計畫路線作業，估計預算編列為 1280.08 億元，較

可行性研究階段增加 698.68 億元；計畫執行至 1992 年復追加預算 487.45 億元，合計預算編列為 1767.53 億元，其追加預算因素包括：（一）購地拆遷補償費增加 187.15 億元，其中工程範圍增加費用 44.04 億元，實施工程用地徵收補償獎勵專案增加 30 億元，公告現值調整增加 101.68 億元，地上物補償標準提高 10.22 億元，作業費提高 1.21 億元。（二）配合地方需求增加龍潭及埔頂工程變更 30.66 億元，桃園西南區變更為高架橋 21.90 億元。（三）新增工程項目 92.89 億元，包括延長新竹竹南段 41.82 億元，汐止至四分里坑段拓寬為六車道 30 億元，關西新竹段拓寬為六車道 16.46 億元，臺北聯絡線深坑段改道 4.61 億元。（四）用地延誤補償 28.31 億元。（五）趕工增加成本 22.49 億元。（六）變更設計增加工程款 31.27 億元。（七）物價指數補貼專案 42.17 億元。（八）監工管理費 9.9 億元。（九）公路管理維護設施 9.34 億元。（十）債務付息及手續費 3.47 億元、預備金 8.5 億元。

本工程總預算 1767.53 億元，除歷年註銷繳庫 36.24 億元之外，截至 1998 年 5 月止，實際支用 1541.24 億元，其餘 190.04 億元繼續使用，其中 135 億元奉行政院核定運用於增闢或改善北二高與中山高之相關聯絡道路、46.34 億元支付工程尾款及仲裁案件理賠款、8.7 億元支付桃園大溪埔頂市地重劃不足費用。

二、北二高工程執行失靈因素分析

根據交通部、經建會、研考會等機關現存北二高工程規劃、執行及評估報告與文件，以及訪問參與該項工程規劃、審議及執行人員結果，認為北二高工程開工之初，適值國內解嚴後社會環境急遽變遷，民意高漲，房地產、物價上升，造成土地取得困難，使得工程推動數年仍幾乎處於停滯狀態。另因社會變化快速，金錢遊戲風太熾，勞動服務觀念丕變，導致技術人力及勞工短缺；又遇砂石風

波及土方棄置場難尋等問題，致使整體工期延宕多年，總預算較規劃預算大幅提升。茲以交易成本觀點分析北二高執行失靈因素如下：

(1) 有限理性與投機主義：北二高工程自汐止至竹南段應取得工地面積達 1,445 公頃，拆遷戶達 2,296 戶，跨越四縣市 24 個鄉鎮（市）區，自 1987 年開始辦理徵收即遭遇地主強烈抗爭，致用地取得困難。其主要原因為公告土地現值與市價差異、縣市間地價差異、地價評定標準不同造成差異、地主要求免徵土地增值稅等。由於計畫路線土地均屬一次交易，且為必須完成交易之土地，土地所有權在有限資訊及民意代表支持下，勢必造成有限理性抗爭及投機行為，其協商、訂約及解決紛爭等交易過程冗長。

(2) 環境的不確定與複雜性：北二高工程興建期間，適逢台灣解嚴後社會快速變遷、民意高漲，影響土地取得及土方棄置場設置；金錢遊戲風太熾，勞動服務觀念丕變，導致國內技術人力及勞工短缺，必須引進外勞；全線工程有 28 座隧道，總長超過 18 公里，且經越台灣北部西側丘陵地長達 100 多公里，施工期間曾發生 30 餘件較大型的邊坡崩坍事故，工程至為艱鉅。

(3) 資訊不對等與交易氣氛：北二高工程涉及中央相關部會、地方政府、廠商及土地所有權人等，由於相關資訊流通不足，在土地取得產生中央機關、地方政府及所有權人間互信不足；沿線經過軍方營區 17 處及多處水利地使用，必須協商軍方遷移後及協調水利單位解決法規限制問題；同時，沿線自來水、電信、電力及油管等公共管線必須清查，協調管理單位協力合作，逐項排除困難。

(4) 資產（工程）特殊性與商品獨特性（品質控制）：北二高工程計 91 個主要標案，總工程建築費 971.13 億元，包括橋樑、隧道、道路、建築、機電、交通設施及植栽等工程，不同

類型工程必須要求廠商具備不同的施工技術及設施，且為
確保各項工程品質，必須投入大量人員與時間監督。

(5) 交易頻次與交易少數：北二高工程 91 個主標案，必須依據
政府採購法逐案辦理招標，由於個別標案複雜，且交易頻
次多，所發生之交易時間及成本高；另隧道、橋樑及機電
等工程，國內具有規劃及施工之資格與能力廠商稀少，亦
為產生規劃、招標及施工時程延宕的主要因素。

三、北二高工程執行成本分析

公共工程執行成本，從會計成本觀點分析，主要包括工程實體
成本及交易成本二種。如果從交易成本觀點分析，除上述二項成本
外，應就機會成本、社會成本及效用成本等相關影響因素同時分析。
茲以北二高工程為例分析如下：

(1) 工程成本：包括規劃設計費、用地及拆遷費、工程建築費
等。北二高工程於可行性研究階段估列為 581.40 億元（含
交易成本），預定 1985 年 7 月施工，1991 年 12 月底完工。
後經細部設計後增列 455.35 億元。至 1992 年因受地價飛
漲、勞工短缺、砂石供需失衡及工程地質等因素影響，計
畫執行落後，再行辦理追加預算，根據交通部國工局 2003
年統計，實際支付規劃設計費 5.70 億元、用地及拆遷補償
費 556.32 億元、工程建築費 971.13 億元，合計約 1533.15
億元。

(2) 交易成本：係指完成工程執行過程中所發生之消耗費用。
北二高工程在細部設計新增編列工務行政及公債發行費用
等 244.73 億元，根據國工局 2003 年統計，實際支付費用約
174.35 億元。

（3）機會成本：係指在限額的預算下，將預算用在某一工程，而排擠其他工程預算使用。北二高工程於可行性研究階段估列費用為 581.40 億元，細部規劃時增列為 1280.08 億元，最後總預算追加至 1767.53 億元，原預定工程完工日期為 1991 年 12 月底，實際主體工程完工為 1997 年 8 月，週邊工程完工為 2002 年。由於工程事前規劃預算估計誤差及延後完工，二次增列預算達 1186.13 億元，也排擠了多年其他交通公共建設工程預算編列與使用。

（4）社會成本：係指工程執行期程延長，對環境所造成的影響。北二高工程原預定 1991 年底完工，主線工程在 1997 年 8 月完工，副線及週邊工程到 2002 年完工。主線工程延後近 6 年，其他週邊工程延後 12 年完工，對經由臺北市、臺北縣、桃園縣及新竹縣等四縣市 24 個鄉鎮市區，其環境及居民生活影響之無形成本難以估計。

（5）效用成本：係指延後公共工程使用及週邊產業開發時程之成本。北二高主線工程延後近 6 年完工，就工程使用時間成本而言，根據交通部高工局 2001 至 2004 年統計，北二高樹林及龍潭二大收費站，每年平均通行車輛約 8 千餘萬輛，每年平均通行費收入約 24 億元，以延後 6 年使用換算約達 144 億元，其餘帶動北部縣市交通流暢與相關經濟活動之無形成本，亦難以估計。

根據上述交易成本經濟觀點，評估北二高工程執行成本變動情形，以「圖二」表示如下（自 1985 年開工至 1997 年主體工程完工止）：

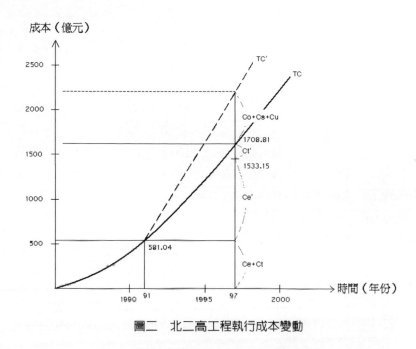

圖二　北二高工程執行成本變動

　　圖中，TC = Ce + Ct；TC' = Ce + Ct + Ce' + Ct' + Co + Cs + Cu；TC 表工程執行正常下之總成本；TC'表工程執行落後下之總成本；Ce 表工程成本；Ct 表交易成本；Ce'表新增加的工程成本；Ct'表新增加的交易成本；Co 表機會成本；Cs 表社會成本；Cu 表效用成本。

　　由「圖二」顯示，如果公共工程執行正常，總成本應等於工程成本加上交易成本（即 TC = Ce + Ct）；如果公共工程執行落後而時間延長，其工程成本及交易成本隨之成長，並且產生機會成本、社會成本及效用成本（即 TC' = Ce + Ct + Ce' + Ct' + Co + Cs + Cu）。

伍、問卷調查結果分析

　　根據個案分析及文獻，就影響公共工程執行失靈因素與公共工程執行成本關係進行量化檢測。本文問卷調查採用李克特五點量表，共寄發 220 份問卷（國工局 100 份、高工局 100 份、研考會 20 份），總共回收 176 份（國工局 88 份、高工局 72 份、研考會 16 份），有效問卷 165 份，有效樣本回收率為 75%。本文採用 Cronbach's α 值信度測量，α 值均在 0.7914 以上，為可接受的信度。另三組自變項的因素分析，除第 22 及 30 題因素負荷量分別為 0.4703 及 0.3902 外，其餘題項值均在 0.5 以上，為可以接受的範圍。

　　本文採用李克特五點量表衡量之，在依變項之公共工程成本變動，其平均值為 3.90；自變項之人性因素平均值為 3.83、環境因素平均值為 3.71、公共工程交易特性平均值為 3.90（如表二），各類平均值均大於 3.0，表示本文自變項及應變項均予以肯定。

　　就三大因素中個別自變項對成本變動的影響進行迴歸分析檢定（如表三）。在人性因素方面，有限理性與投機行為對成本變動都具有統計上顯著的影響力；然依不同受訪對象，分工程人員與行政幕僚兩類別分析（另一類別為企劃人員，因該類別受訪樣本僅四個，迴歸分析時遭遇自由度不足問題，因而將之併入行政幕僚人員），有限理性卻在工程人員類別上不具有統計顯著性。在環境因素方面，迴歸分析檢定結果，環境不確定與複雜性及少數交易對成本變動具有統計上顯著影響力，而資訊不對稱與交易氣氛不具有統計顯著性。再依類別分析，在工程人員方面，只有環境不確定與複雜性具統計顯著性，而其餘的兩個自變數如少數交易與資訊不對稱及交易氣氛卻在統計上不具有顯著性；在行政幕僚方面，不具有統計顯著

性的自變數只有資訊不對稱與交易氣氛。在公共工程交易特性方面，迴歸分析檢定結果，工程特殊性與交易頻次對成本變動具有統計上顯著影響力，而品質控制不具有統計顯著性。再依類別分析，在工程人員方面，具有統計顯著性的自變數為工程特殊性與品質控制，而交易頻次不具有統計顯著性；在行政幕僚方面，這三個自變數中只有品質控制不具有統計顯著性。人性、環境與公共工程交易特性的個別迴歸分析結果，無論在整體樣本或分類中都呈現出統計上對成本變動具影響力的變數為投機行為、環境不確定與複雜性，以及工程特殊性。

表二　自變項、依變項之平均數統計表

	題數	平均數	標準差	最小值	最大值
成本變動	14	3.90	0.44	3.00	5.00
人性因素	6	3.83	0.62	2.00	5.00
有限理性	4	3.88	0.69	2.00	5.00
投機行為	2	3.73	0.73	2.00	5.00
環境因素	11	3.71	0.47	2.73	5.00
環境不確定	5	3.89	0.47	2.60	5.00
少數交易	2	3.58	0.78	1.50	5.00
資訊不對稱與交易氣氛	4	3.54	0.59	2.00	5.00
公共工程交易特性	8	3.90	0.47	2.50	5.00
工程特殊性	4	3.97	0.54	2.00	5.00
品質控制	2	3.78	0.61	2.00	5.00
交易頻次	2	3.87	0.60	2.00	5.00

表三 自變項個別因素對成本變動之迴歸檢定

自變項＼依變項		成本變動	工程人員	行政幕僚
人性因素	截距項	31.717** （2.434）	36.978** （3.225）	23.208** （3.584）
	有限理性	0.784** （0.161）	0.402 （0.222）	1.343** （0.224）
	投機行為	1.435** （0.304）	1.490** （0.446）	1.422** （0.394）
環境因素	截距項	23.903** （3.259）	25.421** （4.477）	19.957** （4.935）
	環境不確定	0.873** （0.189）	0.860** （0.259）	0.985** （0.289）
	少數交易	1.131** （0.309）	0.695 （0.412）	1.805** （0.516）
	資訊不對稱 與交易氣氛	0.396 （0.203）	0.506 （0.257）	0.177 （0.335）
公共工程交易特性	截距項	23.912** （3.266）	23.675** （3.868）	25.177** （5.791）
	工程特殊性	1.165** （0.216）	1.212** （0.238）	0.999* （0.418）
	品質控制	0.646 （0.413）	1.160* （0.555）	0.286 （0.618）
	交易頻次	0.937* （0.399）	0.319 （0.532）	1.545* （0.602）

註1：（ ）括號內為標準誤值。
註2：**表 P 值 <0.01；*表 P 值 <0.05。

表四　人性因素、環境因素、公共工程交易特性對成本變動之迴歸檢定

依變項 自變項	成本變動		
		工程人員	行政幕僚
截距項	17.311** （3.118）	18.157** （3.919）	13.950** （4.528）
人性因素	0.444** （0.124）	0.035 （0.157）	1.028** （0.178）
環境因素	0.349** （0.099）	0.339** （0.127）	0.449** （0.141）
公共工程 交易特性	0.411** （0.128）	0.687** （0.157）	-0.041 （0.192）

註 1：（　）括號內為標準誤值。
註 2：** 表 P 值 < 0.01；* 表 P 值 < 0.05。

　　再就人性、環境及公共工程交易特性對成本變動進行複迴歸分析檢定，其結果列於「表四」。就表中所示，這三大因素對成本變動個別具有統計上顯著性，然在類別分類的迴歸分析檢定上，工程人員類別的人性因素與行政幕僚類別的公共工程交易特性就不具統計顯著性。這種結果頗有意義，經分析其原因，也許與工程人員本身負責工程規劃與執行、行政幕僚人員對公共工程特性熟習度較弱等因素有關。

　　我們再將三大因素的全部變數進行複迴歸分析，結果列於「表五」，「表五」中變數參數估計值的顯著性檢定結果顯然異於「表三」，「表三」為各因素單獨進行迴歸分析的結果。「表五」與「表三」相比較，具有統計顯著性的變數參數估計值之個數減少了，在「表三」如有限理性、投機行為、環境不確定與複雜性、少數交易、工程特殊性與交易頻次等六個變數具有統計上對成本變動有顯著影響力，但在「表五」只剩下有限理性、環境不確定與複雜性及工程特殊性三個變數具有統計上顯著影響力，在複迴歸模式中，顯著影響力的變數減少，是計量理論所使然，因在各因素單獨迴歸裡會對個別變數產生高估現象。在分類的工程人員與行政幕僚類別上複迴歸的結

果，具有顯著性的變數是不一致的，工程人員方面，為環境不確定與複雜性及工程特殊性；行政幕僚方面，為有限理性、投機行為、環境不確定與複雜性。無論是工程人員或是行政幕僚，都認為環境不確定與複雜性對公共工程執行的成本變動會具有影響力，除外，工程人員還認為工程特殊性亦具有影響力，但行政幕僚則認為人性因素中的有限理性與投機行為會影響到公共工程執行的成本。工程人員與行政幕僚對影響公共工程執行成本之因素在看法上存有差異性，也許與工作屬性及專業認知有關。

表五　全部自變項複迴歸檢定

自變項 ＼ 依變項	成本變動	工程人員	行政幕僚
截距項	15.922** (3.453)	16.915** (4.503)	12.380* (5.387)
人性因素　有限理性	0.392* (0.159)	-0.047 (0.199)	1.094** (0.258)
人性因素　投機行為	0.499 (0.323)	-0.139 (0.471)	0.908* (0.424)
環境因素　環境不確定	0.581** (0.185)	0.663* (0.251)	0.743** (0.272)
環境因素　少數交易	0.444 (0.314)	0.297 (0.412)	1.068 (0.549)
環境因素　資訊不對稱與交易氣氛	0.030 (0.207)	0.155 (0.258)	-0.186 (0.355)
公共工程交易特性　工程特殊性	0.485* (0.227)	0.934** (0.271)	-0.001 (0.418)
公共工程交易特性　品質控制	0.336 (0.375)	1.019 (0.546)	-0.134 (0.496)
公共工程交易特性　交易頻次	0.479 (0.373)	-0.086 (0.538)	-0.020 (0.546)

註1：（　）括號內為標準誤值。
註2：**表 P 值< 0.01；*表 P 值< 0.05。

陸、結論與建議

一、重要研究發現

　　本文主要為分析公共工程執行失靈的因素，以及解析公共工程執行不同情形下可能發生的成本結構，經由個案研究分析及調查結果，重要發現如下：

（一）公共工程執行失靈的因素

　　首先，從北區第二高速公路工程個案執行落後原因分析中顯示，該個案執行失靈確實受到人性、環境及工程標的特性三大因素的影響。其次，經由問卷調查結果顯示，公共工程執行過程中之人性、環境及工程標的特性等三大因素，均影響公共工程執行成本；再經進一步迴歸檢定，在這三大因素中，其中又以有限理性、環境不確定及工程特殊性之影響最具顯著性。而有限理性因素，主要係因公共工程執行過程必須向民眾徵收土地，與相關機關（構）協商地上物遷移或廠商議約等交易活動，交易雙方都為各自爭取最大的利益，致產生民眾抗爭或契約爭議等有限理性行為；環境不確定因素主要可能原因，包括二個部分：一為公共工程受到地質、天候等自然因素影響，一為公共工程受到市場物價波動或物料供需的影響；工程特殊性因素主要係為公共工程本身性質過於複雜，或需要特殊的施工技術及設施，這些因素或可經由公共工程周延的規劃、合理的預算及強化執行力等措施，方能有效降低。

（二）公共工程執行成本結構模式

從本文研究結果顯示，公共工程之執行情形與原規劃進程是否配適，區分為「正常型」與「失靈型」。如果公共工程執行正常，即所謂「正常型」總成本應等於工程實體成本加上交易成本，即 $TC = Ce + Ct$；如果公共工程執行落後或期程延長，即所謂「失靈型」總成本應包括原規劃的工程成本、交易成本，以及因交易失靈而新增的工程成本、交易成本，且衍生出原規劃所未予估列的機會成本、社會成本及效用成本，即 $TC' = Ce + Ct + Ce' + Ct' + Co + Cs + Cu$。一般而言，「正常型」的公共工程執行為按原規劃如期如質完成，其成本與原編列預算差異較小，可以現行會計預算估計。而「失靈型」的公共工程執行，需視工程特性及規劃、執行期間外部環境變化的程度，其影響工程執行失靈程度不一；在失靈的狀況下，成本的估計除原編列預算外，必須同時估計因交易失靈所增加的交易成本與工程成本，以及可能產生的有形與無形機會成本、社會成本或效用成本。這意涵著吾人如以成本指標分析公共工程執行績效，宜就公共工程執行結果先行區分正常型或失靈型，再就不同類型分析成本的內涵；其次，這也意涵著吾人在推動公共工程的時候，規劃階段應就工程的特性及環境變化等因素做好事前詳盡的預測，以免預算編列不足或過量，造成政府預算使用排擠或閒置的效應。

二、研究限制

本文為針對特定個案進行深度調查與實證，由於調查對象限於個案的執行與管制機關，研究範圍廣度受到限制。但是，在本文研究發現公共工程執行活動進行是否順暢，確實影響公共工程整體執行成本；從公共工程推動與政府預算支出的角度而言，如何經由排

除不同類型公共工程交易活動的障礙，提出降低交易成本的相關措施，有待未來研究者持續研究的課題。

三、研究建議

（一）對公共工程規劃的建議

公共工程規劃周延與否，直接影響到工程是否能夠順利的推動及預算能否有效的執行。針對公共工程前置作業、規劃設計、發包、施工、完工結案等工作，除將相關法令規定之必要時間納入時程規劃外，規劃設計及施工均應訂定合理時程，兼顧執行效率與執行品質。

（二）對公共工程執行的建議

公共工程執行在正常的狀態下，依原規劃流程按步就班逐步推動外；執行遇到失靈因素時，應即採取因應措施，擴大執行作業面、調整工程經費分配及執行次序或時程等，更重要的是平時即應建立公共工程執行困難問題解決專案小組機制。

（三）對公共工程績效評估的建議

公共工程績效評估除將工期、預算執行及工程品質納為評估指標外，對於工程執行成本及其所引發的經濟效益亦應列為重要評估事項，如此方能看出一項工程執行績效的全貌。因此，本文提出的「正常型」及「失靈型」公共工程成本模式，可作為未來評估公共工程績效的參考。

參考書目

交通部國工局（1985），〈北部區域第二高速公路建設計畫〉。台北：
交通部。

交通部國工局（1998），〈北二高工程計畫實施成效總結評估報告〉。
台北：交通部。

行政院研考會（1985-1996），〈行政院列管案件進度報告〉。台北：
行政院研考會。

李得璋（2004），〈政府績效評估──公共工程建設計畫績效評估〉，
台北：行政院研考會，頁 449-462。

邱吉鶴、莊麗蘭（2005），〈施政計畫執行力之探討〉，《研考雙月刊》，
第 29 卷 2 期，頁 50-60。

Barney, J. B., (1990). The Debate Between Traditional Management
Theory and Organizational Economics: Substantial Differences or
Intergroup Conflict?. "*Academy of Management Review*", 15 (3):
382-93.

Butler, R. S., (1923). "*Marketing and Merchandising*" (pp.20-21). New
York: Alexander Hamilton Institute.

Coase, R.H., (1991). Nobal Lecture:The Institutional Strure of
production, in The Nature of the Firm, O. E. Williaman and S.
G.Winter, eds. New York: Oxford Umiversity Press, 227-235.

Heide, J. B., (1994). Inter-Organizational Governance in Marketing
Channels. "*Journal of Marketing*", 58 (January): 71-85.

Heller, D. E., (1996). Tuition, financial aid, and access to public higher
education: A review of the literature, Unpublished manuscript.

Hunt, S. D., (2002). Foundations of Marketing Theory. "*Toward a
General Theory of Marketing*" (pp.9-17), Armonk, New York.

Klein, S., (1989). A Transaction Cost Explanation of Vertical Control in International Markets, *"Journal of the Academy of Marketing Science"*, 17 (Summer): 253-60.

Klein, Frazier, G. L., and Roth, V., (1990). A Transaction Cost Analysis Model of Channel Integration in International Markets. *"Journal of Marketing Research"*, 27 (May): 196-208.

Malone, T. W., (1987). Modeling Coordination in Organizations and Markets. *"Management Science"*, 33 (October): 1317-32.

Masten, Meehan J. W., and Snyder E. A., (1989). Vertical Integration in the U.S. Auto Industry: A Note on the Influence of Transaction Specific Assets. *"Journal of Economic Behavior and Organization"*, 12 (October): 265-73.

Osborn, R. N., and Baughn, C. C., (1990). Forms of Interorganizational Governance for Multinational Alliances. *"Academy of Management Journal"*, 33(3): 503-19.

Ouchi, W. G., (1979). A Conceptual Framework for the Design of Organizational Control Mechanisms, *"Management Science"*, 25(9), 833-48.

Shelanski, H. and Klein, P. G., (1995). Empirical Research in Transaction Cost Economics: A Review and Assessment, *"Journal of Law Economics, and Organization"*, 11(2): 335-61.

Simon, H. A., 1957, Models of Man, New York: John Wiley & Sons.

Williamson, O. E., (1985). *"The Economic Institutions of Capitalism: Firms, Markets, Relational Contracting"*, New York: The Free Press.

Williamson, O. E., (1991a). Strategizing, Economizing, and Economic Organization, Strategic Management Journal, 12 (Winter): 75-94.

Williamson, O. E., (1991b). Comparative Economic Organization: An Analysis of Discrete Structural Alternatives, *Administrative Science Quarterly*", 36 (June): 269-96.

第五章
英美兩國績效評估制度之比較

壹、前言

　　近年來，世界各先進國家面對整體環境變化，紛紛投入政府再造與行政革新，藉以提升政府績效。美國自柯林頓總統就任後，指定副總統高爾（Al Gore）組成改革委員會，於一九九三年發表了「國家績效評估報告」（The Report of National Performance Review，NPR），一九九三年通過「政府績效與成果法」（Government Performance and Result Act of 1993，GPRA），將政府績效評估帶向法律層次；英國在一九七九年佘契爾夫人的主政時期，推動效率稽核（Efficiency Scrutiny）、財務管理改革方案（Financial Management Initiative，FMI）及續階改革（Next Step Program），而一九九一年梅爾繼任首相後，更提出「公民憲章」（Citizen's Charter）的改革計畫。兩國政府在改革過程中，均以建立績效評估制度，藉以提升其國家競爭力。

　　我國自民國四十年公布實施行政院所屬各機關考成辦法，開始運用考成機制來評核各機關施政績效，該項制度也歷經多次的變革，希望建立一套有效、簡便、可行的行政機關績效評估制度，引導政府部門走向現代化管理。本文以英美兩國績效評估制度比較為題，嘗試在探討二國在績效評估制度建構過程中找出其共同特色，提供我國未來制度持續變革之參考。

貳、英國績效評估制度

　　英國的績效管制與評估制度在一九七九年保守黨佘契爾夫人主政後逐次推展，根據蘇彩足、施能傑等學者歸納（1998），大體上有四個相互重疊的階段，即(1)雷尼稽核（Rayner's scrutiny）、(2)持續性改革（Lasting reforms）、(3)續階改革（Next Steps）、和(4)公民憲章。謹就制度發展與改革歷程分析如下（如表一）：

一、雷尼稽核

　　佘契爾主政後旋即在首相辦公室內成立一個「效率小組（Efficiency Unit），專責改革工作。該小組由原來自英國民間企業的最著名企業家 Derek Rayner（雷尼）主持，在雷尼領導下，該小組開始針對各部門內各特定問題進行小規模的調查瞭解。簡單地說，雷尼所推動的「雷尼稽核」改革計畫具有下列特色：

　　(1) 係僅針對政府部門一些經選定之範圍從事小規模的調查。

　　(2) 稽核工作必須在短時間內完成，並在三個月內向「效率小組」提出稽核報告。

　　(3) 稽核工作之重心在於發現既有的管理作法上有無缺失，如浪費、無效的作為、過多複雜的管制規定……等，以及提出具體改革建議案。

　　(4) 強調改革方案若實施後可產生的正面效果，如成本與人力之節省。

表一　英國各階段績效管理改革措施

區別 階段	採取措施	重點工作	預期效果	階段特色
雷尼 稽核	・成立效率小組 ・選定部分政府部門 ・提出稽核報告	・發現管理上 　缺失 ・浪費 ・無效作為 ・複雜的管制	・節省行政成本 　與人力	・注重效 　率稽核 　工作
持續性 改革	・推動財務管理改革 　方案 ・成立財務管理小組 ・各機關提出可衡量 　績效目標或產出 　指標 ・明確界定責任 ・資訊透明公開	・進行管理面 　改革 ・發展長期改革 　計畫 ・授權業務部門 　自行負責 ・資源是否最佳 　運用	・建立機關自我 　管理機制 ・財務資源有效 　運用 ・建立績效評估 　基準 ・資訊公開化	・注重管 　理機制 　建構及 　評估指 　標的建 　立
續階 改革	・成立部會所屬機關 　（Agency）專責執 　行工作 ・設執行長領導負成 　敗責任 ・建立「工作綱領」 　契約制度 ・訂定各機關營運 　計畫	・設定具體衡量 　績效指標 ・建立部會成本 　效益觀 ・加強執行人員 　工作技能訓練	・1091項績效指 　標達成854項 　（79%）	・注重績 　效衡量
公民 憲章	・訂定公民憲章構想 　及改革計畫 ・進行嚴厲調查措施	・民營化 ・契約外包 ・績效俸給 ・公開績效資訊	・提升服務品質 ・提供更多服務 ・經費妥適運用 ・人民知的權利	・注重為 　民服務 　標準的 　建立

資料來源：本報告整理

二、持續性改革

雷尼稽核進行二、三年後，英國政府便推動另一波更為廣泛性的改革措施，期以改善所有部會的一般性管理能力，使各機關能重視結果導向的管理，每年可比較績效的變化，而非程序導向的行政作為，簡言之，第二階段改革的主旨包括：

（1）所有部門均同時要進行管理面的改革。

（2）強化業務部門對其管理績效的責任性。

（3）發展新的制度與結構以利於較為長期改革計畫的推行。

（4）財務管理與成本控制工作採授權，由各業務部門自行負責。

第二階段改革的具體改革方案是一九八二年五月推動的「財務管理改革方案（Financial Management Initiative，簡稱 FMl）。為推動財務管理改革方案，財政部和管理暨人事局乃聯合成立一個「財務管理小組」。財務管理改革方案本質上是一種績效管理和目標管理式的財務預算運用模式，強調各機關內各業務主管必須有權進行分權式的財務管理，但也因之必須肩負管理上成敗之責，整個方案的進行是先設定各機關之目標與目標的優先次序性，然後將機關分成一些管理中心負責各自目標的達成，管理中心內的主管職責界定清晰後，享有較大權限運用和配置資源，最後則是設置各種資訊回饋系統，包括成本與計畫等相關資訊，使部長及資深主管們得以監視瞭解各目標之執行情況，從而能對各管理人員課責，簡言之，財務管理改革方案旨在促使各級管理者能夠：

（1）具有清楚的工作目標，提出可衡量該目標的績效或產出指標，並加以評估。

（2）對資源是否作最佳運用，包括對產出與經費妥當使用的仔細稽核，能有明確的責任界定。

（3）擁有為使其有效履行責任所需要的資訊（尤其是成本面的資訊）、訓練與專家的建議。

三、續階改革

前述兩個階段的改革成效評價不一，因此，效率小組在新領導者 Robin Ibbs 的主持下，經過三個月密集與英國各地文官的諮商討論後，向首相提交一份稱為「改善政府的管理：續階改革」，經首相同意後，續階改革乃自一九八八年二月起正式推動，是為第三階段之改革措施，效率小組認為應該致力於三項主要工作：

（1）部會內部結構與體制設計必須要能強化有效的政策與服務之傳送。

（2）部會管理必須能確保其人員具備執行工作所需的相關經驗與技能。

（3）必須在各部會內外製造一股真正且能持久的壓力，使部會持續地改善做好政策與服務傳送工作時應有的成本效益觀。

基於上述論點，效率小組提出三項建議，此乃續階改革的源頭，即：

（1）各部會應該成立相關的附屬機關（Agency），專司執行該部所屬的服務傳送工作。附屬機關與部會間則以工作綱領（Framework）為串聯。

（2）各部會要確保附屬機關之人員能受到適當的訓練，並且曾有服務傳送的經驗。機關人員則負責使機關產生最大效能。

（3）指定一位相當於常次級官員出任專案管理者，使續階改革能儘快推動。

　　續階效率小組曾提出一份報告，建議各機關在設定績效衡量標準時，其衡量標準之特色如表二：

表二　行政機關設定績效衡量標準具備之特色

特　　色	說　　明
焦點（Focus）	・管理者有清楚的優先順序 ・和部會溝通瞭解部會的策略 ・標準限於四至七項
平衡（Balance）	・全部的標準要能反映成本、品質、時間和產出
清晰（Clarity）	・標準應簡潔 ・標準要有嚴謹定義以減少爭議
成果（Results）	・標準應主要著眼於產出，而非過程活動的投入
策略觀點 （Strategic Perspective）	・標準要與策略計畫結合主要標準要是達成目標的關鍵產出
相關性（Relevance）	・各管理層次間的標準應有關連性 ・基層管理者的衡量標準應較少是總和性

資料來源：Next Steps Team, The Strategic Management of Agencies 1996 (Lndon: HMS0, 1995).

　　綜上所述，續階改革的主要核心是一種組織結構重組和管理權下授的變革組合。首先，各部會必須將政策制定與執行兩項功能區分，部本身只負責政策與策略的決定功能，執行工作則交由新設立的附屬機關全權負責。第二，附屬機關由一執行長（Chief Executive）領導並負成敗之責，至於附屬機關的特色有(１)執行長由部長基於公開競爭方式任命，因此可能由來自非文官體系者出任，通常有一定的契約任期，其薪資則包括績效薪給的內容，(２)附屬機關每年須與部會訂定一個「工作綱領」，詳述機關工作目標、可用財務資源、薪資與人事管理安排等。工作綱領宛如是機關與部會間的管理契

約,(3)執行長就機關內部財務與人事制度擁有相當彈性自主規劃權,但必須對工作綱領的達成績效向部長負責。

截至一九九五年底已成立一〇八個附屬機關,超過三分之二的文官服務在附屬機關中,而非在部會內。各附屬執行機關必須和主管部會訂定營運計畫書,設定具體的衡量績效指標,每年內閣辦公室的公共服務局會出版執行結果報告,根據 1996 年的檢討報告顯示,在 1091 項績效指標中,達成 854 項(79%)。另外,也逐一檢討 305 個執行機關的績效表現,以最早設立且人數規模最大的社會安全部福利給付總署(Socil Security Benefits Agency)為例,使用的績效指標就包括:給付正確率、給付案處理平均時間、顧客滿意度、預算執行節省金額、減少詐欺給付金額、追回溢付金額、追回社會緊急基金、貸款金額等。

四、公民憲章

一九九一年梅傑(John Major)續任保守黨政府的首相,他一方面承襲過去十多年來的改革作風,另一方面為顯示自己新人新作風的特色,乃進一步向英國議會提出「公民憲章(Citizen's Charter)」的構想與改革計畫。

公民憲章被定位成是「續階改革」的續階,其核心宗旨在於改善公共服務之品質,期望將任何公共服務接受者視為是消費者,賦予其自由選擇服務提供者的權力。因此公民憲章標榜四項主題:(1)提升服務品質,(2)享用服務時有更多的選擇機會,(3)人民可以要求知曉服務的標準,及(4)確保經費運用的妥適性。為達成上述四項目標,公民憲章提出應由下列的改革途徑達成之,即:更多的民營化,更廣泛的競爭,更多的契約外包,更多的績效俸給作法,公布預期的績效目標,出版有關服務標準達成度的詳盡資訊,提供民

眾更有效的申訴程序，進行更多與更嚴厲的獨立調查工作，以及矯
正錯誤的服務措施（Prime Minister，1991，pp.4-5）。

　　1991 年起推動公民憲章十年計畫，公民憲章的核心理念是，任
何公共服務提供者皆應遵循六項原則，確保每位公民可以享受到好
的服務品質，包括：

（1）確立服務標準：服務標準必須建立，公民與評估監測。

（2）行政透明公開化：民眾瞭解的語言說明，服務的資訊必須
　　　公告周知。

（3）可選擇性與諮商性：如何提供服務必須儘可能地諮詢服務
　　　對象的意見。

（4）禮貌與幫助：服務方式必須有禮貌，而且讓民眾深感助益。

（5）積極改正：努力從民眾抱怨中瞭解問題，並解決問題。

（6）重視錢的價值：服務提供必須重視效率和經濟。

　　截至 1996 年，全英國已有 42 個全國性的憲章，超過一萬個地
方性憲章（各憲章運作的相關資訊已出版 CD-ROM，或上網站查詢
http：//www.cabinet-office.gov.uk/service first/index），例如「旅客憲
章」、「納稅人憲章」、「國宅租戶憲章」、「學童家長憲章」、「福利給
付總署消費者憲章」……等等。每一公民憲章都會標示其服務標準，
服務指標等，每年就是否達成績效相比較，也周知給民眾，並且逐
年調整其憲章內容以提供更高的服務品質，各個公民憲章均必須自
行設定績效評量標準，然後每年會辦理公民憲章獎（Charter mark），
鼓勵有最好服務的憲章，表彰卓越的單位與個人。

參、美國績效評估制度

美國聯邦政府自 1993 年以來推動「國家績效評估（National Performance Review）」（目前此一計畫已易名為「全國攜手政府再造（National Partnership for Reinventing Government，簡稱 NPR）」，進行上千項的具體行政改革工作，配合的相關改革制度中，尤其重要的是 1993 年「政府績效與成果法（Government Performance and Results Act，簡稱 GPRA）」'這項法律已是目前美國聯邦政府各機關最努力執行的重心。

政府績效與成果法的最重要概念就是要求聯邦政府各機關必須採行策略管理，將企業界實施多年的這項管理理念首度全面性引進政府的管理運作過程。該法主體乃是規定各機關如何提出環環相扣的策略計畫書、績效計畫書、計畫績效報告書和提供擴大管理彈性空間的法源，最後則是授權進行試行專案。

一、策略計畫

GPRA 的最大特色就是將企業界常用的策略管理概念引進於政府部門的管理，尤其是希望藉此增進預算財務管理與計畫評估的有效性，根據該法規定，各機關須向聯邦管理暨預算局局長與國會遞送一份該機關未來將執行的各項計畫措施之策略計畫書，這個策略書就是結合政策方向、預算與執行的藍本。該計畫為五個年度的中程策略計畫，每三年並應重新更新與修正，其內容必須包括下列六項：

（1）說明機關主要職掌與業務運作的完整性任務。

(2) 指陳機關主要職掌與業務的一般性總體目標與細部目標，
包括預期成果的目標。

(3) 詳述前述各層次目標如何達成，包括為達成該目標所需
的運作過程、技能與技術，以及人力、資本、資訊及其
他資源。

(4) 詳述各項總體與細部目標的績效計畫與績效目標。

(5) 詳列機關無法控制但影響其目標達成甚巨的外部重要因素。

(6) 詳述用以設立或修改目標的計畫評估內容，以及計畫評估
時程。

二、年度績效計畫與計畫績效報告

　　當擬妥策略計畫後，尚需有具體的績效計畫書，並逐年執行與
追蹤考核評估。GPRA 規定年度績效計畫書的內容應包括：

(1) 設定用以界定各項計畫措施績效程度的績效目標。

(2) 績效目標應以客觀、量化與可衡量方式表達，例外情形另
定之。

(3) 扼要說明為達成計畫目標所需的運作過程、技能與技術，
以及人力、資本、資訊與其他各項資源。

(4) 提出可用以衡量或評估各計畫措施相關產出、服務水準及
成果之績效指標。

(5) 提供比較預期計畫目標與實際效果間的基準。

　　最後，每一年度均應提出計畫績效報告，分析前年度績效目標
之達成度，對未達預期者詳述與解釋理由，並提出如何達成預期目
標與何時達成的計畫或其他建議方案等。

　　綜上而述，GPRA 強調的是政府管理必須就什麼是應有的成果
建立共識後，推動成果導向的管理，這種改革乃能切合各方的需求：

因為策略管理首重釐清目標與與預期成果，然後重視預先規劃如何達成目標的工作策略與方案，並注意影響這些目標實現的內外在因素，最後並且重視如何衡量目標、是否以達成的指標建立與評估（邏輯如圖二。這樣的理念在學理上得到肯定，其訴求的遠景有助於國會更理性地審查預算及降低赤字，更具有政治吸引力。

三、績效基礎組織

　　目前聯邦政府尚嘗試推動績效基礎組織（PBO），這種組織的定義是指一種特別的管理單位，具有強烈成果管理動機的特別管理單位，組織追求具體可衡量的績效目標以改善績效，而為達此目的，可享有較多的管理彈性。適合成為績效基礎組織的機構至少應具有下列特性：

(1) 清晰職掌，可衡量的服務，以及已有或正在建立一套績效衡量制度
(2) 主要是外部顧客的服務單位
(3) 功能不作決策，但對決策機關首長清楚地負責
(4) 機關高層支持其轉為績效基礎組織
(5) 具備營運所需的經費

　　每一績效基礎組織由一位任期制的執行長（Chief Operating Officer）負責，執行長的留任與否視績效基礎組織的績效達成而定。績效基礎組織必須與所屬部會訂定五年期策略計畫書，策略書內明訂衡量的目標，每一目標的主要績效指標或衡量方式（包括如品質、效率、生產力……等），以及每年的績效預期水準。

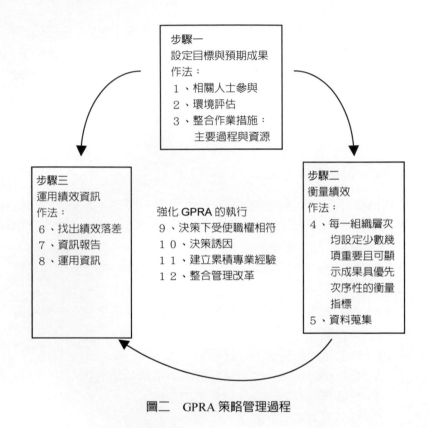

圖二　GPRA 策略管理過程

資料來源：U.S.GAO (1996)

肆、英美兩國績效評估制度之比較分析

　　從上述英美二國績效評估制度的介紹中，可以發現英美二國均採取績效管理作為政府部門行政改革的工具，也可以發現二國績效評估制度共同的特色（如表三），謹就兩國制度之特色分析如下：

表三　英美兩國績效評估制度特色比較

國別特色	英　國	美　國
專法或專章	公民憲章（Citizen's Charter）	政府績效與成果法（GPRA）
策略計畫	訂定三～五年策略計畫 強調策略管理、績效管理、目標管理、彈性管理	訂定五年策略計畫 強調策略管理、績效管理、目標管理、彈性管理
成果導向	強調授權及業務部門自行負責	強調授權及減少對業務部門執行過程干擾
管理組織	決策與執行機關分立，部會下成立附屬機關（Agency）、置執行長（Chief Executive），專司執行工作，以工作綱領（Framework）串連	決策與執行機關分立，成立績效基礎組織（PBO），設執行長（Chief Operating Officer）負責執行工作，訂定五年期策略計畫書
評估指標	強調反映成本、品質、時間、產出、經濟及顧客滿意度	強調品質、效率、生產力、財務及顧客服務標準
資訊公開	資訊回饋系統、服務的資訊公告周知	資訊報告
獎勵措施	績效薪給 績效獎章	績效薪給

資料來源：本報告整理

一、訂定專法或專章

　　英國在佘契爾主政時，推動三階段的改革，分別訂定了雷尼稽核改革計畫、財務管理改革方案及改善政府管理：續階改革方案；一九九一年梅傑續任首相，進一步向英國議會提出「公民憲章（Citizen's Charter）」改革計畫。美國在柯林頓總統主政時，在一九九三年三月請高爾副總統領導「國家績效檢討（National Performance Review）」小組，研擬政府再造工作；為使政府施政工作推動更好、管理更有效率，柯林頓總統要求各機關一定要表現民眾真正關心的績效，也開始推行部會首長與總統簽訂績效合約，並訂定績效衡量

方式（Measures of Performance），此種績效導向的再造作為，更在
一九九三年八月美國國會通過了「政府績效與成果法（GPRA）」。

二、研提策略計畫

　　英國的財務管理改革方案、續階改革方案或公民憲章，都強調
各機關業務主管必須提出策略計畫，設定各機關目標優先次序，提
出可衡量目標的績效或產出指標，以明確界定責任。美國的政府績
效與成果法（GPRA）的最重要概念，就是要求聯邦政府各機關必
須採行策略管理，將企業界實施多年的這項管理理念全面引進到政
府管理運作過程，規定各機關如何提出環環相扣的策略計畫書、績
效計畫書、計畫績效報告書。

三、強調成果導向的績效評估

　　英國的持續改革計畫，推動提昇部會的一般性管理能力，使各
機關重視成果導向的管理，將財務管理及成本控制工作等採授權作
法，由各業務部門自行負責。美國政府績效與成果法（GPRA）強
調的是政府管理必須就什麼是應有成果建立共識後，推動成果導向
的管理，並強調授權與執行過程減少對業務部門的干擾。

四、決策機關與執行機關分立

　　英國續階改革或公民憲章的主要核心在於組織結構重組及管理
權下授的變革組合，各部會必須將政策制定與執行兩項功能區分，
部會本身只負責政策與策略的決定功能，執行工作則交由新設立的
附屬機關全權負責，而附屬機關置執行長（Chief Executive）領導並
負成敗之責。美國政府績效與成果法嘗試推動績效基礎組織

（PBO），這種組織為一具有強烈成果管理動機的特別管理單位，每一績效基礎組織由一位任期制的執行長（Chief Operating Officer）負責，執行長的留任與否視績效基礎組織的績效達成而定。

五、建立績效評估指標

英國的續階效率小組建議各機關應設定績效衡量標準，公民憲章強調建立服務標準，兩者的績效與服務指標強調反映成本、品質、時間、產出、經濟及顧客滿意度。美國政府績效與成果法（GPRA）規定年度績效計畫書應設定各項計畫措施的績效目標，而績效目標應以客觀、量化與可衡量方式表達，其績效衡量指標強調品質、生產力、財務、效率及顧客服務標準。

六、資訊公開透明

英國公民憲章的服務品質，強調用民眾瞭解的語言說明政府部門服務標準，行政公開透明化，服務的資訊必須公告周知。美國政府績效與成果法規定政府部門提出的策略計畫書，必須及時並有高品質地回應服務顧客，每一年度均應提出計畫績效報告。

七、績效評估與激勵制度結合

英國的續階改革方案由附屬機關設執行長負責推動，執行長薪資包括績效薪給；公民憲章規定每年辦理公民憲章獎（Charter Mark），鼓勵有最好服務的憲章，表彰卓越的單位與個人。美國聯邦政府推動績效基礎組織（PBO），對執行績優良者，提供非常實質的獎勵指施，亦即降低對機關的行政管制或約束，如放寬員額、薪資限制及同意預算科目彈性流用等。

伍、結語

　　英美兩國在政府改革及績效評估制度建構過程中，由於其國情及面對的環境不同，確有許多作法上不同之處。但亦可從兩國制度中歸納出下列幾項深具價值的特色，以提供我國未來績效評估制度變革時參考：

(1) 英、美兩國績效評估制度，均訂定專法或專章作為推動的依據。

(2) 推動績效管理強調訂定三至五年策略計畫，釐清組織的目標與績效預期成果，每年根據策略計畫提出年度績效計畫及年度績效報告。

(3) 年度績效計畫必須提出可以評估各計畫措施相關產出、服務水準及成果的績效指標。

(4) 強調政府管理必須就什麼是應有成果建立共識後，推動成果導向的管理，並強調授權與執行過程減少對業務部門的干擾。

(5) 績效目標應以客觀、量化與可衡量方式表達；其績效衡量指標強調品質、生產力、財務、效率及顧客服務標準等。

(6) 強調用民眾瞭解的語言說明政府部門服務標準，行政公開透明化，服務的資訊必須公告周知。

(7) 實施績效薪資及頒發績效獎章，激勵績優部門與個人。

（本文原載於《研考雙月刊》27 卷 5 期，2003 年 10 月。）

參考書目

邱吉鶴，《行政機關績效評估制度之研究》，民國九十年五月。

林青青譯，〈落實美國政府績效及成果法〉，《審計季刊》，第七十七卷第三期，民國八十六年。

施能傑，〈政府的績效管理〉，《人事月刊》，第二六卷第五期，頁35-53，民國八十七年。

施能傑，〈建構行政生產力衡量方式之芻議〉，《中國行政》，第六九期，頁15-46，民國九十年三月。

孫本初，〈美國政府績效評估制度之研析——以政府績效與成果法（GPRA）為例〉，《研考雙月刊》，第二四卷第二期，頁35，民國八十九年四月。

彭錦鵬，〈英國政署之組織設計與運作成效〉，《歐美研究季刊》，第三十卷第三期，頁89-131，民國八十九年九月。

蘇彩足、施能傑等，《各國行政革新策略及措施比較分析》，行政院研考會，民國八十六年七月。

Carter, N & Greer, P. *"Next Steps and Performance Measurement"*, in Barry J. O'Toole ed., Next Steps: Improving Management in Government? Dartmouth Publishing Company Limited, 1995

OECD. *"Performance Management in Government: Performance Measurement and Result-Oriented Mangement. Paris: OECD. 1994 Governance in Transition: Public Management Reforms in OECD Countries"*. Paris: OECD, pp33-37, 1995 *"In Search of Results: Performance Management Practices"*. Paris: OECD, 1997

Radin, B, A. *"The Government Performance and Results Act (GPRA) and the Traditional of Federal Management Reform: Square Pegs in Round Holes?"*, paper prepared for the National Public Management Conference, 1999

Stephen Horn.　GPRA: A Work in Progress, *"The Public Manager"*, 28(3), 1999

第六章
愛爾蘭及澳大利亞國營企業的績效評估

壹、前言

　　行政院研究發展考核委員會依據組織條例所列職掌及行政院令頒「國營事業工作考成辦法」等規定，於每個年度終了辦理國營事業工作考成業務，以檢查各國營事業經營績效，並督促其業務營運及管理的進步發展。行政院研考會為提升本項考評機制的精確及效益起見，歷年來均多方蒐集相關國家之國營事業資料，或藉由出國考察特定國家實際作法等方式，瞭解其他國家國營事業管理及績效考評作法，並作為改進我國國營事業工作考成業務之參考。

　　長久以來，澳大利亞（以下簡稱澳洲）及愛爾蘭二國政府體制深受英國的影響，國營事業均曾在其政府體制及政經社會中占有重要地位，這二國政府也因此累積了相當豐富的國營事業管理經驗。行政院研考會為瞭解其管理體制及作法，曾於民國八十七年二月及八十九年九月間分別前往澳洲及愛爾蘭二國，進行業務考察。其中考察澳洲部分，係選擇澳洲國會審計廳（Australian National Audit Office）、通信及藝術部（Department of Communication and the Arts）、通信及藝術部轄下澳洲電訊公司（Telstra）及澳洲郵政公司之新南威爾斯分公司（The NSW Administration of Australia Post）等四個機構，進行實地參訪；另愛爾蘭考察部分，則前往愛爾蘭公共事業部

（Department of Public Enterprise）、愛爾蘭電信公司（Eircom）、愛爾蘭郵政公司（An Post）等機構，進行業務訪問。

　　本文主要係綜合上述二次出國考察所獲相關書面資料及考察心得報告後，分別按愛爾蘭及澳洲二國相關之主管機關管理機制、國營事業內部績效考評機制、二國值得借鏡之處及結論建議等四方面，分別加以闡述探討。簡言之，本文不僅希望有助於國人更正確地瞭解愛爾蘭及澳洲的國營事業管理體制，也希望藉由這項探討的過程後，進而思索我國國營事業管理機制的未來改進作法。

貳、愛爾蘭部分

一、公共事業部（Department of Public Enterprise）

（一）組織職掌

　　愛爾蘭係由公共事業部負責該國所有公資、公營及公用等事業機構的管理，管理對象涵蓋交通運輸（如：航空、機場、鐵路、公路、公車、渡輪、觀光等）、能源（電力、石油、瓦斯、煤礦、核能）及電信等公共服務性質之事業（但不含財政部所管理之金融機構）。愛爾蘭長期以來由國家資金贊助成立的個別事業甚多，無論係屬於政府捐助成立、國家經營或公用事業等事業機構，均以 State Sponsored Bodies（SSBs）乙詞來稱呼。這些公共事業機構營運的功能及責任係來自相關法規或由主管機關依職權認定，各事業機構的人員除了極少部分人員或董事會成員係由政府所認命之外，其餘均定位於非公務員，其身份與一般民營企業員工並無差別。

　　依據愛爾蘭現行法制的規定，所謂公共事業包括：1、依特別法規命令所設置之「公營公司」（Statutory Corporation）及2、政府

參與出資之「公資公司」（Company）二種，前者係依特別法規而設立，後者則是介於公營及民營之間的公有公司，惟其營運仍須遵守公司法相關規定。一般說來，愛爾蘭的公營公司及公資公司，雖然全部或大部分股份屬於政府所有，但公司內除一些必須符合相關主管部會規定之運作事項外，公司內部的各項控管及業務運作均全由公司獨力進行。另一方面，該國公共事業除了執行其在商業、市場及其他功能外，尚須執行一些不屬於商業的社福及文化事務。

愛爾蘭的公共事業機構，特別是所謂的公資公司幾乎涵蓋於全國大部分的經濟活動，甚至也決定各類市場營運的模式，當然也因此承擔了相當多的社會責任。雖然，愛爾蘭政府給予各公共事業很大的獨立營運空間，但政府仍然對這些公司執行了必要的管理，目的係讓政府在這些公司的投資能夠獲得必要保護，並發揮最大投資效益及提供好的服務品質，充分達成政府所交付的政策使命，這些正是公共事業部的職責。

（二）公共事業的管理機制

愛爾蘭政府行使各公共事業管理作為時，主要係著重讓各事業盡可能在獲得員工認同下，順利實施事業的自由化，並同時強化其企業競爭力，以擴大就業機會及提高服務品質。愛爾蘭執政的進步民主聯盟（Progressive Democrat）的施政方針便特別述明，將採務實態度而非理想化的方式，來推動自由化工作。因此，愛爾蘭政府係採取適度管理的機制，並允許員工參與公司經營及與國內外企業策略聯盟等創新作法，俾這些公共事業能面對自由化後接踵而來的競爭。一般而言，對於各公共事業有以下三種主要管理措施：

1、愛爾蘭公共事業部經會商各主管部會後，指定各公共事業機構的董事會成員（進而指定董事長），來確保政府交付之經營任務能夠達成，並使公司的營運方向能與政府施政重點相一

致。為確保此種效果，愛爾蘭政府係透過指定或撤換董事會成員來達成。

2、各相關主管部會藉由各公共事業機構的年度報告或相關財務報表，據以行使其稽查作為。依據愛國現行法制，各相關部會首長有權要求各公共事業必須依規定提報特定類別的報告或財務報表，藉以進行帳目稽核。各公共事業財務報表的架構及內容除必須符合公司法的規定外，尚須經過獨立會計師或財政部主計稽核局的認證。此外，各公共事業的主管機關必須依法督促各事業機構訂定五年為期的營運展望計畫，該計畫必須包括：現況檢討、主要績效指標（Key Performance Indicator）、現行重點工作、預期目標等，並據以執行；必要時，每年度得辦理修正。

3、各相關主管部會首長經由透過正式發布政策、方案等方式，或非正式地邀請各公共事業評論政策草案，隨時掌握各公共事業動態。各主管部會人員必須就所屬主管公共事業之營運及執行政策情形，進行追蹤分析，並藉由例行公務上雙向交流進行必要的監控。例如：愛爾蘭公共事業部訂頒提升顧客服務滿意度二年行動方案（Customer Service Plan），該方案明白要求各公共事業機構應符合「90%電話應於五鈴聲響內接聽」、「電話總機延長服務時間從上午八時三十分至下午六時」、「申請案件於二天內回復並附滿意度調查回郵逕寄監查人員（Ombudsman）」等指標要求，公共事業部並不定期進行查核。該部另每年度亦修正訂頒「公共事業考評準則（State Bodies Guidelines）」，做為考核各公共事業營運之準則。此外，配合愛爾蘭政府所頒布的「國家發展六年計畫（National Development Plan）」，該部亦要求各公共事業機構應提出配合計畫，並納入各事業五年營運展望計畫中，據以執行。

（三）績效考評作業機制

公共事業部非常重視各公共事業的績效評估工作，其作法係採強化考評組織（邀請外界專業第三者長期參與）及本身專業能力著手，對於考評人員均訂有標準作業及行事準則等規定。另外，該部每年度並會同財政部修正「公共事業考評準則」，做為考核各公共事業營運之通用準則；該準則規範重點有：公共事業機構董監事的利益迴避、採購的授權談性及資訊公開、策略聯盟及併購的報核程序、員工入股及高階主管薪給的計算公式、績效考評報告及管制制度、營運展望計畫的修正程序等六項。根據愛爾蘭公共事業部實施「公共事業考評準則」的經驗，對各正實施自由化過程中事業機構的績效，確已發揮一定程度的效果。

二、愛爾蘭電信公司（Eircom）

（一）公司及業務概況

愛爾蘭電信公司為愛爾蘭境內最主要的固定線路電話通信、行動通信及數據通信等業務之提供者，另還提供音訊、資料及多媒體等其他服務，該公司自從成立起一直都是愛爾蘭最重要的國營事業。愛爾蘭自從一九九二年開始逐步實施電信市場開放及自由化政策後，並於一九九八年底完成全面電信自由化的目標，如英國電信（British Telecom）和美國 AT&T 電報電話公司等均已進入該國行動電信市場，另數據通訊線路服務方面，亦已有十餘家網際網路連網服務提供業者（Information Service Providers）進入。

愛爾蘭電信公司係以「員工認股」、「全民釋股」、「海外釋股」等方式進行民營化，自一九九九年七月起開始在愛爾蘭、倫敦及紐約等地掛排交易出售股票，並於二〇〇〇年九月完成將政府持股降至一%的目標，其中該公司員工及工會共認股 15%，海外售股部分，

則由瑞典電信 Sweden Telia 和荷蘭比利時電信 Dutch KPN，以交換
持股釋出 35%股權，所餘股權則開放由全民認購。配合民營化釋股，
愛爾蘭電信公司遂於 1999 年九月將原使用多年的「Telecom Eireann」
機構名稱，更名為現在的「Eircom」，並推出全新的企業識別體系，
不但承續原有各項電信業務，並且彈性地擴大經營與電信相關之各
項業務。

　　該公司現有固定電話網路連結用戶約有一百六十萬，已接近全
國三百七十萬人口的半數；行動電話通信線路服務方面，該公司則
成立獨立運作的事業部（Eircell 子公司），負責經營此快速成長的市
場，截至二〇〇〇年七月，該公司行動電話用戶已達一百一十萬人，
並持續以約 60％的成長速率繼續成長中。至於，數據通訊線路服務
方面，僅有二十五萬戶顧客，然五分之三皆為整體數位服務 ISDN
寬頻上網用戶，未來市場潛力相當樂觀。

（二）提升競爭力策略與作法

　　愛爾蘭政府推動電信市場自由化政策前，愛爾蘭電信公司一直
獨佔愛國的電信市場。該公司為因應自由化後的競爭市場，在一九
九七年即已展開各項應變計畫，俾能持續開創成長契機及強化競爭
力，該公司應變計畫的主軸係經由詳細策略規劃評估後，充分發揮
該公司所擁有下列的競爭優勢：1、該公司擁有廣泛且技術成熟的
電信網路基礎建設；2、行動電話服務業務方面，擁有優勢的市場
佔有率；3、公司在政府推動電信市場自由化之前，即已建構完成
「顧客中心」（customer-focused ）及「市場導向」（market-drive）
的組織結構；4、公司內部的勞資關係良好，不僅可減少勞資對立
事件發生，並藉員工參與增加工作效率；5、公司擁有健全的財務
結構。

　　以該公司的電信網路基礎建設為例，愛爾蘭由於位居美洲大陸
及歐洲大陸間的關鍵優越地理位置，致能順利吸引外資大力投資佈

設跨洲及其島內光纖電纜，愛爾蘭境內二〇〇〇年時已具備相當於二百四十線道之數據高速公路貫穿，足敷未來數年發展所需。此外，該公司為吸引外資健全其本身財務結構，係採與其他國家電信公司進行策略聯盟，除同時進行換股之外，並進行技術合作、合資併購新興網路公司及拓展其他可能合作空間等作為，以擴大業務範圍及提高公司競爭力。

惟該公司目前仍面臨到因電信市場自由化所帶來的問題，例如：股價常因外資獲利出售股權致波動頻繁，致發生股價低於當初認股價位之情形。此外，在數據通訊方面，由於愛爾蘭缺乏豐富上網誘因，復因跨國資訊服務業者可提供更多樣的網站內容，致該公司的數據通訊電信業務出現客戶數不易成長的現象。經綜合考量自身優缺點及挑戰後，愛爾蘭電信公司係以幾項主要策略因應：1、強化既有固定線路通訊市場之領導地位及增加生產力；2、開發行動通訊服務業務，創造成長機會；3、鎖定電信相關業務目標，並加速投資，以搶攻英國、北愛爾蘭及其他鄰近地區之市場；4、拓展既有多媒體及交互動態（interactive）服務；5、正確掌握該國電信業務之成長空間，並積極尋求發展機會。

愛爾蘭電信公司除藉強化其較不具競爭性或特殊性的固定線路電信服務業務，藉由透過獨特服務功能來增加營業收入，提升顧客服務滿意度及增進營運效率；另針對具高度競爭性的業務則主動出擊，例如：贊助網際網路城市 Ennes 市 1500 人實驗計畫，示範如何將網際網路溶合應用於日常生活中；轉投資或併購成立網路內容 AlTion、行動電話 WAP 入口 ebcon、網路市集 indigo、網路安全 Viasec 等公司，以建立公司聲譽及消費者信心，吸引使用愛爾蘭電信公司的服務；推動員工持股計畫，透過員工認股及參與管理的行使，讓員工體認與公司榮辱與共的重要性。

（三）利潤中心的績效評估機制

　　愛爾蘭電信公司在民營化轉型以後，隨即採用一般民營公司以財務績效為主的績效評估制度，亦即以各項獲利能力為主要的績效評估指標，獲利多寡則完全反應在該公司所配發的股息及證券市場的股票價格，而公司的營運亦受全體股東的監督，員工薪資水準及各級管理人員之薪資結構亦由公司獲利情形直接決定。至於，公司內部各部門的績效方面，為釐清各部門營業責任，均明確劃分收益範圍，爰區分為「有線通信網路」、「無線行動通信網路」、「國際通信網路」、「企業專戶通信網路」及「多媒體」等五大事業部，各事業部門均實施利潤中心制度，並採內部計價、成本會計、用人費率等方式，以奠定公司評估各事業部門績效的基礎。

三、愛爾蘭郵政公司（An Post）

（一）公司及郵遞市場概況

　　愛爾蘭郵政公司為公共事業部所屬之事業機構，該公司具有遍布全國的郵政服務網，並提供多樣化的國家郵政服務，業務項目包括信件、包裹、輕型貨物及電子郵件傳遞印製等投遞服務，此外，並辦理儲金、福利金及電話費等代收代付轉帳、國家彩券發行及新興電子商務服務等。該公司二○○○年時約有七、八二○名員工，於約二○○○個遍佈全國的郵政服務據點提供服務，除了每天處理約二百萬件郵件外，透過郵政服務所創造的收益每年超過三百五十億元新台幣，另外還代理財政部辦理國家彩券之銷售、代理社會福利部辦理年金及其他福利津貼發放、接受財政部授權下辦理儲金服務、承辦藝術文化部之電視許可，以及代理愛爾蘭電信公司辦理電話帳單收件等。

　　因應全球郵政業務自由化的發展趨勢，公共事業部在一九九○年代後期即已完成愛爾蘭郵政的公司化及業務部門化改革工作。愛爾蘭郵政公司依實際業務狀況，於集團總部下區分為「一般郵件遞送」（Letter Post）、「郵政業務櫃台」（Post Office）及「快遞服務」（SDS）三大業務部門（Business Division）。其中一般郵件遞送部門擁有全愛爾蘭最龐大的陸上運輸工具及遞送工作人員，負責郵件的遞送服務業務，但在郵遞市場逐漸自由化的影響下，此部門獲利空間已逐漸減少；郵政業務櫃台部門則擁有遍佈全愛爾蘭超過一千九百個郵政服務分支機構，為該國最大的零售及信件處理營業據點及通路；快遞服務部門則提供全國及國際性的十三公斤以下包裹快遞服務。除了這三個主要業務部門外，公司總部則設有人力、財務、行銷及電子商務等支援各事業部門的幕僚單位，另針對特殊商業需求及特定客戶，以轉投資成立子公司（Subsidiary）或特定業務功能（Corporate Function）方式，服務各種顧客在遞送、後勤及財務方面的處理服務。

　　近年來，愛爾蘭郵政公司除了依業務性質以轉投資方式分設子公司處理專門業務，譬如針對銜接網際網路電子郵遞服務成立PostGEM，負責拓展電子郵件傳遞印製業務；運用郵政客戶群設置精準市場資訊公司 PMI，負責研究及提供商務行銷資訊；成立PrintPost 負責大量商業信件的列印及郵寄；成立 PCI 負責提供郵政顧問及資訊通訊技術服務等，另為不同商務使用者發展特殊的服務。

（二）顧客滿意的績效評估機制

　　愛爾蘭郵政公司自一九九七年中期開始即委託民間機構（Market Research Bureau of Ireland Limited，MRBI），針對商務及一般顧客進行郵政服務滿意度調查，本項外部評估機制係由專家群研討確認調查考評項目，計分：「郵政服務指引的適當性」、「郵件遞送

的時效」、「服務櫃台詢答的完整性」、「告知郵政服務之主動性」、「郵政服務人員的態度」等五大項。每一項目的衡量尺度係區分一到四共四個服務等級，每項等級均有描述具體狀態及量化指標），依據這些主要項目，由顧客來決定現有顧客滿意度等級。經過確認主要項目及現有服務等級後，MRBI 即將郵政公司應努力達成之服務等級設定於顧客滿意度（Focus on Quality Service，FOQUS）監測系統中，每月彙整全國調查資料進行統計，計算出公司內三個主要部門（Letter Post，Post Offices，SDS）的顧客滿意度變化，做為管理改進之參考。由於，該委託調查公司的調查由於樣本數龐大，所得結果之可信度達 95%，具有相當高的參考價值。

　　另外，該公司也委託民間公司（Price Waterhouse & Coopers）針對最重要的服務指標「準點率」（即 90%郵件能按規定，於隔日成功遞送完成的比率）進行郵遞服務品質的監測研究，以期隨時檢討改進郵遞服務。作法係採科學方式，將全國劃分為七個郵遞端點區，在不預警情況下，每個星期寄出一千封測試信，測試不同發出及收信端點、各種類型、各種付款方式的信件自投郵至收到所需之時間，實施以後確能掌握瓶頸投遞端點的服務情形，針對效率不佳謀求改善。但此種端點到端點的測試，將無法觀察信件旅行過程中經過各營業據點（郵局）的處理品質狀況，故該公司現在並加上新的測試研究，即於測試信中加入紙板厚度附有無線訊號發送器（Letter with Transponder）的軟性印刷電路板，並於信件所經過遞送單位普遍設置無線訊號接收器，可紀錄信件旅行過程各階段所需時間，便於進一步瞭解整個郵遞過程的服務及處理品質。

參、澳大利亞部分

一、國會審計廳（Australian National Audit Office）

（一）組織與業務職掌

澳洲國會審計廳的職責係提供澳洲國會（the Parliament）、部會首長（Ministers）及政府相關部門機構（Public Sector Entities）各項獨立且專業的稽核建議和報告。審計廳為執行是項職責，內部區分為財務稽核業務部門（Financial Audit Business Unit）及績效稽核業務部門（Performance Audit Business Unit）二大作業部門，以進行相關的稽核作為，各部門的作業流程及方式亦因此有所不同。財務稽核的作業方式主要係大量運用各政府相關部門及各國營企業等機構所提供之財務資訊及數據，進行稽核作業，整個作業過程較為單純。審計廳執行財務稽核的對象包括政府機關、學校及國營企業等機構。至於審計廳所執行的機構績效稽核，其中的作業方式及流程則較前者繁瑣複雜，但接受稽核的對象只局限於政府機關、學校等，國營企業是無須接受績效稽核的。

（二）績效稽核的運作情形

審計廳為有效對各政府部門執行績效稽核，其作法係藉由檢視及評斷各項相關的資訊、申訴案件，以及既有的各種資訊及追蹤系統，然後據以對政府的各公務部門管理之經濟性（Economy）、效率（Efficiency）及成效（Effectiveness）進行評估。審計廳鑒於政府部門及機構數目龐多，而無法對所有的公務機構進行稽核之事實，每年度執行稽核作業時，均先對各類稽核主題事件（Issues）進行先期

初階研究（Preliminary Study），除可以藉此界定稽核的主題外，並且決定應對那些特定主題執行後續的稽核作為。一般而言，審計廳一年內只選定約二十項主題事件進行稽核，這些主題事件大多只涉及單一政府部門（Single Sector）的業務，僅少許主題事件涉及多個相關部門（Cross Agencies）的業務，譬如：教育、社會福利、治安犯罪等。在此須加以說明的是，審計廳絕對不對政府政策的對錯問題，進行任何稽核及評論，其職責只對執行面的事務事項進行稽核；此外，不論係先前所作的前期初階研究報告或是稽核報告，審計廳在完成後都要提交給國會備查。

承如前述，澳洲國會審計廳並不對該國的國營企業進行所謂的績效稽核，理由為：這些國營公司均係依該國公司法（Corporation Law）而設立的獨立法人，該等國營公司在營運上應享有自主的決策權，且基於市場機制的考量，應由公司內的董事會（Board）負起經營公司之責。除非澳國總理指明要對某特定國營企業的營運狀況進行績效稽核時，審計廳才會對其進行績效稽核，不過這種個案尚未發生過。

二、通信及藝術部
（Department of Communication and The Arts）

（一）組織及業務職掌

澳洲聯邦政府通信及藝術部掌管郵政及電訊服務產業、廣播服務及發展澳洲文化等職責事項。內設有六個司（Divisions），其中電訊產業司（Telecommunications Industry Division）向來係負責提供部長有關電訊、無線電及郵務部門等的各種管制政策建議，以及協助部長對澳洲電訊（Telstra；目前已為完成釋股之民營企業）及澳洲郵政（Australia Post，目前仍為國營企業）兩大公司，執行有關法

律或行政管理的作為。前述政策建議及作為遍及價格管制、服務普
及、消費者保護、輸送業者的權力及免責權,以及郵務產業等相關
事項。

　　為配合通信及藝術部對電信事業的管制作為,澳洲政府另設有
澳洲通信署(the Australian Communication Authority,ACA),為一
負責電訊及無線電業務之管制者,該署係於一九九七年合併原先的
澳洲電信署(the Australian Telecommunications Authority)及無線電
頻管理局(the Spectrum Agency)後成立。其角色與職責頗類似我國
交通部下的電信總局,主要負責訂定與執行有關電信及無線電業務
的市場、價格管制及其他技術性等規範。

　　此外,澳洲聯邦政府的公平競爭及消費者委員會(the Australian
Competition and Consumer Commission,ACCC)亦對電訊事業中的
消費者權益、產業競爭規則及併購等事項,發揮出監督管制的作用。
澳洲聯邦的財政部(Department of Finance)亦可以對澳洲電訊公司
及澳洲郵政公司的財務績效表示關切,但財政部不可以直接干涉這
二家公司的營運,必須透過與通信及藝術部的協調機制予以進行。

(二)澳洲電訊公司的營運監督

　　澳洲政府過去對澳洲電訊及澳洲郵政二公司的監督方式頗為類
似,惟澳洲電訊於一九九七年釋出百分之三十四的股權,現有二百
萬個民間股東,基於尊重民間股東之考量,以及因應幾乎已完全開
放電信市場之需要,通信及藝術部目前已不對該公司營運給與太多
干涉。相較之下,該部對於澳洲郵政的監督作為要較為強一些,儘
管如此,該部對澳洲郵政公司經營之監督仍有明確分際,避免不必
要干涉,並利其自由經營運作。

　　通信及藝術部目前對澳洲電訊公司的監督方式,主要係經由政
府的公股董事進行,公股董事將政府所關切的企業社會責任
(obligations)及財務目標(注:為一概括目標,並非具體的財務數

據）納入該公司的企業發展計畫（Corporate Plan）中，該項計畫通常為三年一期，內容包括：企業的發展策略、主要投資計畫項目、社會責任的承諾及財務上目標等。當公司董事會核定事項發展計畫書後，並須提請通信及藝術部長審核，部長可以對計畫內容表示同意與否（Yes or No）之意見，但不對其進行任何修改，而是將其意見送請該公司自行修改，以示尊重該公司的董事會。當每個預算年度結束後，澳洲電訊公司將該財政年度的營運報告（Annual Report）提送至澳國國會、通信及藝術部、財政部、審計廳等機關，這時，通信及藝術部可以依據年度報告中的各項具體營運成果，藉此判斷其營運是否與其企業發展計畫相符。假若該公司的營運未符合政府原所預期的各項目標時，通信及藝術部長可以隨時撤換公股的董事（註：董事的任免係採開放型契約制《Open Contract》僱用），以明責任歸屬。

（三）澳洲郵政公司的營運監督

澳洲郵政公司目前由於股權全部為政府所有，至受到政府的干涉比澳洲電訊公司要多一些。同樣地，澳洲郵政公司董事會必須將各種營運目標及政府關切事項納入該公司的企業發展計畫（Corporate Plan），該計畫須送請通信及藝術部長審核，部長對其內容可以表示「同意」或「不同意」的意見，但不能直接要求該公司要如何更動內容。澳洲郵政公司的董事會成員全由通信及藝術部長任命，董事的任免亦採開放型契約制僱用，任期通常為二至四年間不等，績優的董事期滿可以再續約，惟所負責部門之績效欠佳或有失職者，通信及藝術部長可以隨時予以解約。

此外，通信及藝術部也可以經由郵件資費（Mail Prices）的審核，來督促澳洲郵政公司積極提升其經營績效，澳洲各類郵件的資費通常五年進行一次調整，現行資費標準係於一九九二年核定實施的，通信及藝術部目前已決定予以繼續延長而不作調整。

三、澳洲電訊公司（Telstra）

（一）民營化與股權結構

澳洲電訊公司原為澳大利亞的國營事業之一，該公司以往亦有類似其他國家國營企業的相同弊病，但自一九九七年開始進行股權移轉民營之後，由於有二百萬個民間股東的加入，整體經營績效已較以往大不相同，過去特別偏重電信技術面的考量，目前已走向顧客導向（Customer Focused）的經營模式。

（二）董事會組成及職掌

澳洲通信及藝術部對澳洲電訊公司的監督，係透過該部選任的公股董事在該公司董事會中發揮其影響力及作用。該公司董事會訂定公司的企業發展計畫（Corporate Plan）時，公股董事會將政府關切的各項目標及議題納入其中，此外，亦可對公司內部的其他重大決策或重要人事表示意見，來督促公司積極提升績效。惟通信及藝術部長與公股董事之間一直都能維持一個合理的分際，通信及藝術部長都會尊重公股董事的專業背景及自主權，並不會對這些公股董事給予過多且不必要的干涉。

（三）電信資費的訂定

澳洲政府透過澳洲通信署（ACC）所訂定的電訊資費標準（Price Box），來管制澳洲現有各家電訊公司的資費（例如：Telstra、Optus、Vodafone 等），通信署會參考各種資訊後設定出各項電信資費的上限，至於實際的資費價格（Retailed Prices）則由公司自行決定，由於各家業者競爭激烈，致實際價格都比政府訂定的價格要來得低；以行動電話資費為例，目前 Telstra 的價格最高，Optus 及 Vodafone 較低，但 Telstra 的行動電話使用範圍最廣，幾乎可以涵

蓋整個澳洲領域，Optus 及 Vodafone 的使用涵蓋範圍相對地就小
了許多。

（四）績效評定制度的運作

　　澳洲電訊公司在提升自身經營績效上有其獨特作法，該公司所
採行的績效評定制度可以利用金字塔的架構予以說明，首先在金字
塔的頂端先揭示出公司的遠景（Vision），然後逐步依序向下轉化為
企業價值（Values）、關鍵成功因素（Key Success Factors）、目標
（Goals）等層級，最後再化約為具體的平衡計分卡（Balanced
Scorecard）。實際進行評定作業時，係利用該平衡計分卡（包括財務
性及非財務性的績效考評《financial & non-financial measures》）來進
行績效考評。由於，平衡計分卡的功能及作用在連結企業經營策略
（strategy）與企業實際績效評定（performance measurement）二者，
因此這種評定機制只集中於幾個關鍵項目的評定（key measures），
而不會有太多的評定指標（indicators）。

　　基本上，澳洲電訊公司整個企業經營的策略（Business Strategy）
為一個已結合了財務（Financial Perspective）、組織學習
（Organizational Learning）、顧客（Customer Perspective）及操作層
（Operational Perspective）等四大面向的綜合體。依據這個策略而發
展出來的評分項目計有：「財務（Financial）」、「股東價值（Shareholder
Value）」、「人力資源（Human Resources）」、「服務品質（Service &
Quality）」、「企業成長（Growth）」、「生產力（Productivity）」、「市場
佔有率（Market Share）」及「未來發展（Positioning for the Future）」
等八大類，然後再逐步依序將八大項目細分為更具體的「評估指標
（如：％目標值、金額目標值、或具體事實）」，最後，藉由這些具
體的細項指標來評定公司內各個部門單位的經營績效。

四、澳洲郵政公司（Australia Post）

（一）公司化與董事會

　　澳洲郵政係於一九八九年完成公司化，其經營自主性及效益隨後有大幅增進。澳洲郵政公司與澳洲電訊公司二者的經營運作情形頗為相似，主要差異係由於澳洲聯邦政府為該公司的唯一股東，所以受到來自政府的干涉事項比較多一些。該公司董事會董事全由通信及藝術部長任命，任期為二至四年不等，期滿績優者得續任，表現差或有失職者，通信部長可以中途將之解職。

（二）企業發展計畫與業務標準條款

　　該公司董事會每隔三個年度要訂定該公司的企業發展計畫（Corporate Plan），然後送到通信及藝術部審核，部長可以表示「同意」或「不同意」的意見；若有不同意情況發生，該計畫則退回澳洲郵政公司重新予以修正，通信及藝術部長不可以直接加以更改，藉由這種過程，政府可以將所關切的各種事項及議題納入該計畫中。每個財政年度結束後，澳洲郵政公司要將其年度營運報告（Annual Report）提交到國會、審計廳、通信及藝術部及財政部等，年度營運報告與其企業發展計畫相對照下，當年度經營成效的好壞就可以一覽無遺。

　　該公司各類郵件資費仍由澳國通信及藝術部全權決定，此與澳洲電訊公司可以自行決定資費價格的情形，有所不同。為督促澳洲郵政公司的各項業務（Services）都能達成政府交付的責任及使命（Obligations），又能維護民眾相關權益。通信及藝術部必須定期將澳洲郵政公司所擬定的業務標準條款（Services Charter）送請國會核定，該條款一旦經國會通過後，澳洲郵政公司必須確保公司的各項業務都要符合該條款所列的各項標準或規範。假定澳洲郵政的某項

業務未能完全符合前述標準或規範，而導致民眾權益受損時，民眾自可以依據該條款向澳洲郵政公司提出賠償告訴或其他請求。

（三）績效評定制度

澳洲郵政公司評定本身營運績效的指標（Performance Indicators）大致可以分為三大類，分別為財務類（Financial）、顧客類（Customer）及企業內部流程類（Internal Business Process）。財務類包括「稅前及支付利息前利潤」、「股利」、「營收報酬率」、「資產報酬率」、「負債比率」、「繳納政府稅捐總金額」等細項指標；顧客類計有「投遞郵件數總量」、「郵件資費」、「郵站普及率」、「準時投遞率」、「投遞頻率」、「投遞時效」等細指標；而內部企業流程部分則包含有「勞動生產力」、及各項因素「生產力」等。此外，澳洲郵政除經常將上述該公司的各項指標值與其他澳洲國、民營企業進行比較外，還進行與美、加、日、及歐洲各國的郵政事業進行國別比較，藉以督促自我再求提升與突破。整體而言，澳洲郵政的經營績效大都優於上述國家之郵政事業。

（四）人事管理制度

澳洲郵政與澳洲電訊二公司的人力管理皆具有很大的自主性及彈性，此與我國國營事業的人事管理有著極大的不同。這兩家公司除了前述的董事會董事係採開放型契約制（Open Contract）僱用外，中、高層的各種專業或管理人員大都也以契約的方式僱用，其僱用期間從十八個月至五年不等，契約期滿可視其個別工作表現或公司的業務需要而決定應否續約（註：仍須與員工所屬之工會協商後為之）。至於基層的各項勞務執行或技術操作人員（Bottom Line）則採行長期僱用的方式。此外，大量僱用半職人員（Part-Time Employees）也是這兩家公司的人力管理策略之一。

肆、愛爾蘭及澳大利亞值得借鏡之處

一、愛爾蘭公共事業的績效管理

（一）務實的民營化策略及作法

　　愛爾蘭各公共事業機構雖面臨自由化後之競爭趨勢，然均能落實企業化及自由化發展之理念，積極推動跨國合作、績效評估及員工認股等多種措施，大幅提高企業的市場競爭力及員工認同度。首先，依實際需要而推動民營化，並非只因為理念上要民營化而勉強民營化；其次，推動民營化係以獲得員工高度共識為前提，按市場及外界情勢，適時機動辦理釋股作業，不以僵化方式規定事業應於一定期限內完成民營化。因此，民營化作業相當靈活而有成效。

（二）利潤中心的績效評估

　　舉愛爾蘭電信公司的作法為例，該公司為維持與國際級資訊及通信業者同步之技術水準，積極採取「與跨國公司交換持股」、「轉投資高科技資訊網路公司」、「全力投資網路基礎建設」等方式，加強與國際電信業界接軌，並改採民間企業常用之利潤中心機制，對該公司轉型為世界級通信公司之企圖，奠定相當良好的基礎。

（三）委外進行顧客調查工作

　　以愛爾蘭郵政公司為例，該公司為充分掌握各事業部門的服務品質及顧客滿意度，係透過委託民間獨立及專業的市場調查機構，進行調查。此作法可提供更精確及客觀的評估結果，並有助瞭解公司實際營運狀況，更能深入掌握基層員工的需求與期望，據以提供

公司決策及管理的佐證參考。此外，該公司為瞭解所屬三個主要部門的服務品質及顧客滿意程度，亦委由外界專業市場行銷公司，進行外部評估調查作業，由於這項評估調查非常獨立、超然而客觀，且可得到精確、科學的評估結果，做為公司改善決策及營運管理的重要依據。

二、愛爾蘭公共事業的營運監督

（一）落實企業化及自由化作為

愛爾蘭政府推動電信自由化政策之前，愛爾蘭電信公司已預期必將對其市場佔有率形成不利的影響；該公司卻能採取主動迎擊的競爭策略，預先對各種可能面臨的挑戰，以及本身既有的優勢因素進行嚴謹分析後，隨即訂定具體及明確的經營策略，建構彈性的經營模式，積極面對自由化後的競爭情勢。

（二）建構良好勞資互動關係

以愛爾蘭電信公司的民營化經驗為例，該公司除預先擬定應變計畫因應外，並搭配推動員工持股計畫，建立公司與員工更緊密的伙伴關係，藉強化員工對公司的認同，讓全體員工願意為公司的未來營運共同努力。另外，愛爾蘭政府為確保電信自由化及民營化的成功，主動輔導各職業工會進行認購股權。對照我國現階段推動國營事業民營化的作法，各事業機構雖事先均與產業工會進行協調，惟仍由員工個別進行股票認構，產業工會因此喪失主導協調之先機，造成員工釋股作業困難重重，對整體釋股上市行情亦造成不利的影響，愛爾蘭電信公司的作法頗有參考之價值。

（三）靈活調整公司組織及業務

愛爾蘭郵政公司為例，該公司已區分：郵件遞送、櫃台服務及快遞服務等三個主要事業部門，然為因應其他特殊顧客的業務需求，又成立個別子公司單獨執行特定業務，整個事業集團組織非常具有彈性，可隨時面對市場競爭的需要，適時調整事業集團的組織結構。特別是，該公司利用服務網遍及全國各地之特性，進行相關零售及承辦政府各種社會福利津貼之發放，有助拓展公司營運範圍及便利政府福利政策之推動。

（四）國營事業的自主空間

愛爾蘭郵政公司雖為國營事業機構，在遵守國家法律及政策要求外，仍擁有完全自主的營運彈性；加上該公司管理階層及員工均無公務員身份，致組織及人力的調整安排有極高的自主與彈性。

（五）重視顧客及員工意見

愛爾蘭各公共事業非常重視顧客及員工調查意見，如愛爾蘭郵政公司便運用「問卷回收」及「單獨訪談」二種方式，並輔以「滿意度分類調查」，可以清楚瞭解各部門或團體現存問題及相關狀況。另一方面，藉由這種透過員工參與填答問卷的過程，更能激勵員工主動發覺工作範圍內各種可能改進之作法，對減輕管理階層的工作負荷，以及增進員工對公司的向心力，均有正面的助益。

三、澳洲國營企業的績效管理

（一）靈活運用管理機制

澳洲聯邦政府雖無類似我國的國營事業工作考成制度，然澳洲政府藉由董事會任免、企業發展計畫審核、價格管制、業務標準條

款審核，及年度營運報告書制度等配合措施，在尊重企業經營自主的前提下，仍能有效地督促國營企業積極提升營運績效，並達成政府所交付的企業責任。澳洲的作法及經驗，的確可提供我國未來改進國營事業經營管理及績效考評作業之參考。

（二）尊重國營事業營運自主

澳州政府機關非常尊重國營事業的營運自主，以澳洲國會審計廳對國營企業的稽核為例，該機關僅從事財務稽核作為，對於國營企業經營績效事項並未干涉。此舉不僅尊重主管部長及國營企業董事會的自主權責，亦給予國營企業具有迅速反應市場變化及需求之彈性，對國營企業的經營幫助很大。

（三）重視財務報酬績效指標

澳洲國營企業考評自身的經營績效時，採取的考評項目類別及具體指標，都能與公司的經營遠景、經營價值及目標有效結合，並且只著重少數幾個主要指標值的評定，此與民營企業非常相同。其中不同點在於國營企業仍須達成政府關切企業責任目標（Obligations），不能僅以財務上的成果作為唯一追求目標。

（四）重視顧客服務工作

澳洲政府為有效督促國營企業持續積極落實相關的顧客服務工作，規定各國營企業應將其業務標準條款（Services Charter）提送國會通過後，即頒布該企業應嚴格執行的觀念及作法，此項制度與英國的情形相當類似，值得贊許。

四、澳洲國營企業的營運監督

（一）尊重國營事業經營團隊

澳洲政府非常尊重國營企業公司董事會的職權及自主性，主管部（如通信及藝術部或財政部）均不介入各國營企業日常營運的決策及作為。主管部必須嚴格把關的重要事項計有：嚴格挑選董事會人選；課以董事會責任；審核公司的發展計畫（Corporate Plan）；訂定相關業務或商品的資費價格等事項。

（二）政策目標與營運自主平衡

澳洲政府一方面規範國營企業的各項業務資費（Prices），以及須達成的企業責任（Obligations）與目標（Goals），另方面則給與國營企業很大的自主性，允許公司董事會發揮專業來經營公司，因此，各國營企業在經營自主與企業責任之間均能維持一個平衡點，進而提升其經營成效。

（三）靈活人事進用制度

澳洲政府任命國營企業董事會的方式，係採開放型契約制（Open Contract）聘僱國營企業董事的作法，表現不佳或失職者可以隨時去職；此外，董事的人選不限於本國籍人士，譬如澳洲電訊公司董事中就有二位係分別為美國 AT&T 電話公司及英國某科技公司的前任董事。此種制度設計不僅強化了董事會的經營職責，對提升該國企業的國際競爭力亦有很大助益，頗值得我國借鏡。澳洲國營企業內中、高層專業或管理人員多採契約方式僱用，任期從十八個月到五年不等，期滿可視其表現或實際需要決定應否續約，此種制度不僅強化了人力管理上彈性，亦可有效督促上述人員保持良好的工作熱忱及敬業態度。

伍、結語與建議

一、愛爾蘭部分

(1) 愛爾蘭政府推動公共事業民營化,並未硬性規定各事業應完成移轉的時間表,反而給予各事業較多自主權。我國現階段採時間表管制民營化進度的作法,似應考量外在市場情勢及事業機構內部營運狀況後,讓排定移轉名單的國營事業能夠在最佳時機,進行各項釋股作業。

(2) 愛爾蘭各公共事業員工均不認定為公務人員,人事管理有很大彈性,對企業營運管理助益頗多。反觀我國國營事業員工身份屬性相近於一般公務人員,人事進用管理非常無彈性。未來,可研究訂定較具彈性的薪資計算結構,建立員工個人努力與事業營運績效結合的工作機制。

(3) 愛爾蘭郵政公司除經營相關郵遞業務外,另承辦政府各項福利津貼的發放作業。中華郵政公司似可考量運用既有普及營業據點及對郵局高度信賴感等優勢,開發各種新服務業務或配合政府陸續開辦的社會福利措施,承辦各項福利年金及津貼費用之發放,不僅有助提升營業收益,亦可減少政府相關機關辦理發放之作業成本。

(4) 愛爾蘭各公共事業係藉委託專業公司進行顧客滿意調查及評估,除有助公司全盤掌握最正確的資訊,亦可改善實際缺失及服務品質。我國部分國營事業顧客服務常為民眾詬病,內部檢討效果亦不理想,似可參考其委請民間專業公司辦理之作法。

二、澳大利亞部分

（1）參照澳洲政府監督國營企業的經驗，我國現行主計、人事、管考等機關，以及立法、審計部門似應減少對國營事業的管制措施，讓國營事業經營管理上有較多的自主空間。

（2）我國應積極強化各國營事業董事會的組織功能，嚴格挑選董事會的人選，並逐步放寬董事會的決策職權範圍，讓董事會真正發揮出應有的職能，並且負起實際經營公司的成敗之責。

（3）建議參照澳洲國營企業的企業發展計畫（Corporate Plan）的作法，改變我國現行國營事業預算必須逐年編審的情況，以減少預算編審行政作業流程，亦利事業長期規劃營運發展。

（4）澳洲各國營企業自董事會董事至公司內高、中階層管理及專業人員等，皆採契約制予以僱用。未來，我國國營事業的人事管理制度應可參照澳洲經驗進行較大幅度改變，讓各國營事業在人事管理業務上有較多的彈性。

（5）澳洲郵政公司業務標準條款（Services Charter）的作法，值得借鏡，未來，可要求國營事業訂出各項合理可行的服務標準，當某事業營運發生疏失導至民眾權益受損時，民眾得據以爭取其權益賠償。

（6）參照澳洲國營企業評定績效作法，未來可研究擇取與民間企業通用的重點績效指標進行考評，而無須每年調整考評指標，將可減少各機關及受考事業辦理工作考成的工作負擔。

參考書目

一、愛爾蘭部分

EIRCOM, eircom plc report & accounts for the year ended31 March, 2000.

An Post Annual Report, 1999.

Department of Public Enterprise, annual report and financial statements, 1999.

Programme for Prosperity and Fairness, Department of the Taoiseach, January 2000.

Governance and Accountability in the Regulatory Process, Department of Public Enterprise, March 2000.

A New Institutional and Regulatory Framework for Public Transport, Department of Public Enterprise, August 2000.

Outline Legislative Proposals in relation to the Regulation of the Communication Sector, Department of Public Enterprise, September 2000.

二、澳大利亞部分

Australian National Audit Office (ANAO), (1997) Annual Report 1996-97.

ANAO, (1997) Government Business Enterprise Monitoring Practices.

Australia Post, (1996) Post Services

Australia Post, (1997) Annual Report 1996-97

Australia Post, (1998) Australia Post Performance Indicators. Presentation to the RDEC.

Department of Communication and the Arts, (1997) Liberalisation of the Telecommunications Sectors:Australia's Experience.

Department of Communication and the Arts, (1997) Annual Report.

Department of Communication and the Arts, (1997) Open Telecommun
ications Market.

Telestra, (1997) Annual Report 1997.

Telestra, (1998) Performance Measures. Presentation to the RDEC.

第七章 重大社會事件之專案調查

壹、前言

　　行政院研考會下設管制考核處，根據該會職掌，除掌理行政院所屬機關及國營事業績效評估外，並負責行政院施政問題的專案調查。歷年來，例如民國 79 年日月潭翻船事件專案調查，提出統一觀光旅遊區管理事權，修訂遊憩船隻（小船）管理規則；民國 90 年阿瑪斯號污染事件專案調查，提出海洋急難事件權責分工，建立緊急通報系統等，對於重大社會事件的處理及施政問題的改善，提供了即時的決策參考，發揮了緊急應變的效果。

　　行政院研考會根據該會專業調查作業要點，辦理該項業務，係屬行政調查的性質，為基於行政院交辦或該會職掌業務需要不定期執行，其調查範圍包括：1、行政院措施、程序之適法與適當性；2、行政實況及政策貫徹之問題；3、社會或輿論反映之重大問題；4、其他行政相關事項。本文件於該項行政工作對政府部門重大事件的緊急應變，及決策資訊的提供具有重大效果，惟該項工作常因不同行政首長的重視程序，實際應用上差異頗大，且該項行政調查必須建立標準作業程序及實務經驗的傳承，特以專案調查作業程序及實際案例調查報告予以介紹，以提供行政機關辦理相關業務的參考。

貳、專案調查作業程序與方式

　　行政院研考會所進行的專案調查係屬社會發生突發或緊急性重大事件，所謂社會重大事件係指對國計民生、社會治安、環境維護或人民生命安全產生重大影響者。而專案調查的啟動大多為行政院長在院會指示或口頭提示，或行政院研考會基於社會輿論的反應，本於職權主動調查，以提供院長或行政院處理相關政策的參考，茲就專案調查程序分述如下：

一、事前作業

　　行政院研考會奉院長或行政院交辦之案件後，應即成立調查小組，首先進行案件相關書面資料，包括主管機關第一線的情資、案件相關法規及輿論反應的資訊；其次，根據蒐集案情資料進行流程分析，找出案情的問題重點與內容；再者，擬定調查計畫，調查計畫內容包括調查依據、目的、調查重點、調查對象、調查方式、調查人員及分工，以及經費需求及支援措施等。

　　其中調查方式採取實地訪查時，必須於訪查前函知相關受訪的機關（構）及人員，必要時，得針對特殊案件採行不預知訪查，惟為預防受訪機關（構）及人員的質疑或抗拒，應事前準備專案調查告知公文，由參與調查人員攜帶訪查現場。

二、實地訪查

　　實地訪查係指調查人員親自赴受訪機關或受訪者指定地點，針對欲調查的問題與受訪者面對面交談，或赴事件現場察看與拍照。

就訪談的方法而言，大體可分為結構型訪談法與非結構型訪談法二種，結構型訪談法係為針對調查事件依據流程分析所欲瞭解的問題，逐一訪問相關人員予以釐清，必要時要求受訪機關或人員就所調查問題提供作業檔案資料影本，以為佐證；非結構型訪談法係就調查事件相關問題與受訪者自由表達意見。一般實務調查作法，二種方法可交叉使用，結構型訪談法有助於事件流程問題的釐清，非結構型訪談法有助於事件引導及發現問題的瞭解。

實地訪查的目的是為了獲取確實的資料及正確的資訊，故在訪談過程中應盡量營造一種友好和諧的氣氛，取得受訪者的信任與合作，訪問者應集中在調查事件相關問題的發問，使用語言宜簡單易懂，避免情緒性字眼，遭遇不合作、不友善及持有懷疑態度的受訪者，要有應付的方法與能力。

三、撰擬報告

專案調查的目的在於瞭解事件發生的實情，分析主管機關的職權及相關法規，行政機關（構）是否負起職責，行政法規之規範是否足夠因應環境變化的需求，以提出調查事件的行政責任與未來改進建議事項。專案調查報告的撰擬為調查結果的呈現，因涉及行政責任的歸屬，在撰擬報告時，必須根據法規的權責與實際調查結果提出實證的分析，以明權責；其次，專案調查除在瞭解發生個案實情及權責外，更重要的在預防未來類似事件的發生，故亦宜針對主管機關的權責分工及法規的規範予以檢討分析，提出改進建議。一般而言，專案調查報告內容應包括案情概況、主管法規分析、主管機關對事件處理情形、權責分析及檢討與建議事項。

參、案例——阿瑪斯號污染事件

一、案情概況

希臘籍「阿瑪斯」輪（船體總重 35,000 噸）由希臘籍船長 Lazaridis Evangelos 指揮，自印度 Panaji 港載運礦砂 62,855 噸預定前往大陸南通港卸貨，在新加坡加滿油料後，由婆羅洲北部經巴拉旺航路再經台灣東部航行至上海，於一月十三日晚上十時左右主機發生故障，一月十四日一七時四十分漂流至屏東縣恆春鵝鸞鼻龍坑海域觸礁擱淺，船艙浸水，復經巨浪持續拍打，導致船身傾斜，船上人員發出求救信號；二〇四五時「海難救護委員會委員會」所屬「台北任務管制中心」與「國軍搜救中心」（已更名為「行政院國家搜救指揮中心」）接獲基隆海岸電台通報後，於當晚二二二五時將貨輪上二十五名外籍船員全數安全救出。但因船體觸礁裂損，船上所存重燃料油於一月十八日開始明顯外洩，污染鵝鸞鼻沿海及附近珊瑚礁海岸。本事件發生後，由於處理時間冗長，且油污範圍逐漸擴大，引起媒體及各界重視，指向政府部門延誤處理，嚴重影響政府形象。

遵奉院長指示本會調查實況，並追究相關機關人員的責任，迅即依據「行政院研究發展考核委員會辦理專案調查要點」之規定，於九十年二月九日起組成專案小組，開始蒐集相關資料，並自二月十二日至十四日派員查訪花蓮港務局、屏東縣政府、墾丁國家公園管理處、交通部、本院環保署及海巡署等機關。

本專案小組針對相關資料及實地察訪結果進行研析後，完成本調查報告。其分析重點有二：

(1)「海洋污染防治法」、「商港法」、「海難救護機構組織及作業辦法」、「海水污染管理規則」、「災害防救法」、「災害緊

急通報作業規定」等相關法規對於海洋污染事件的相關
規定。

(2) 各權責機關在事件發生過程中所採取之措施是否適當。

二、本事件處理機關法令依據

本事件從海上救難、漏油防堵、油污清除、海難事故調查、蒐
證、移送等作業，牽涉諸多主管機關及法規，謹分述如次：

（一）行政院海岸巡防署

1、海岸巡防法第四條第一項第七款規定：「七、執行事項：海上
交通秩序之管制及維護事項。海上救難、海洋災害救護及海
上糾紛之處理事項。漁業巡護及漁業資源之維護事項。海洋
環境保護及保育事項。」

2、海洋污染防治法第五條第一項規定：「依本法執行取締、蒐
證、移送等事項，由海岸巡防機關辦理」。

3、行政院國家搜救指揮中心作業規定第一章第四節中「二、權
責劃分」（二）行政院國家搜救指揮中心——【八】行政院海
巡署協調官：「1、擔任二十四小時輪職搜救執勤任務……。
7、臨時交辦事項。」

（二）交通部

1、商港法

(1) 第三十六條第一項規定：「為維護船舶航行安全，救助遇難
船舶，處理海水油污及有毒物質，交通部得會同國防部設
立海難救護機關；其辦法由交通部會同國防部定之。」

(2) 第五十條第一項規定：「海水污染、打撈業、國際商港港務
及棧埠管理規則，由交通部定之。」

2、海洋污染防治法

第三十五條規定：「外國船舶因違反本法所生之損害賠償責任，於未履行前或有不履行之虞者，港口管理機關得限制船舶及相關船員離境。……」

3、海難救護機構組織及作業辦法（依據商港法第三十六條訂定）

(1) 第三條規定：「為維護船舶航行安全，救助遇難船舶，處理海水油污及有毒物質，由交通部會同國防部組設中華民國海難救護委員會（以下簡稱海難救護委員會）。」

(2) 第四條規定：「海難救護委員會任務如左：一、一般海難船舶及人員之搜索、救助與緊急醫療救護。二、海上油污及有毒物質之消除及處理。三、海上災害之救護。四、海難及海水油污與有毒物質涉及國際爭端事務協助之處理。……」

(3) 第十條規定：「海難救護委員會為執行海難救護任務，設左列中心：一、搜救協調中心。二、船舶救助中心。三、災害處理中心。四、任務管制中心。」

(4) 第十三條規定：「災害處理中心由各商港管理機關分別設置，按其商港管轄地區辦理左列事項：……二、船舶危險品發生事故之處理。三、商港區域內及其附近水域海水污染之偵查、環境之測試。四、海水污染之處理。……商港管理機關辦理前項事務，除應立即採取緊急措施外，必要時得迅速報請海難救護委員會協調相關單位或其他民間海難救護業支援辦理，並得組成專案小組處理之。」

4、行政院國家搜救指揮中心作業規定

第一章第四節中「二、權責劃分」（三）各部會（單位）權責─【五】交通部：「為空難、海難及陸上交通事故之災害防救業務主管機關，並依民間需求支援相關專長之訓練。1中華民國海難救護委員會……其任務如下：(1)一般海難船舶

及人員之搜索、救助與緊急醫療救護。(2)海上油污及有毒物質之消除與救護。(3)海上災害之救護。(4)海難及海水油污與有毒物質涉及國際爭端事務之協助處理。……」

5、海水污染管理規則（依據商港法第五十條訂定）

(1) 第三十九條規定:「為維護船舶航行安全、救助遇難船舶、處理海水油污及有毒物質,由交通部會同國防部設立海難救護機構處理之。」

(2) 第四十六條規定:「在商港區域及其附近水域、離岸終端站地區或任一船舶之周圍或其航路上發現水面上下有油或有害物質之跡象時,商港及離岸終端站之管理機關或海難救護機構應儘速展開調查。前項調查應包括風速、風向、海面情形、航跡、航速、附近區域顯明易見之痕跡及其來源與有關之排洩紀錄,以確定有無違反本規則之排洩情事,並迅即採取有效之防止措施。」

(3) 第四十七條規定:「商港管理機關對於商港區域或附近水域因大量油之排洩,致該海域之廣大範圍在海洋環境保全上受重大障礙對人身及財產有遭受重大損害之虞時,得報請商港主管機關會同有關機關採取緊急措施,並得於必要時毀壞裝載排洩油之船舶,燒毀排出油或處分現場附近海域之財產。」

(4) 第四十九條規定:「船舶在商港區域內或其附近水域發生海難或其他意外事故,致有排洩油或有毒液體物質情事時,該船舶所有人或船長應使用機械、吸收劑或其他方法,迅速清除其所排洩之油料、或有毒液體物質,或採取停止或減緩排洩物擴散之措施。前項船舶所有人或船長未採取措施仍不足以防止海水污染,商港管理機關為清除海水中之油或有毒物質所為之一切措施,其費用由船舶所有人或運送人、貨物託運人、受貨人負擔。」

6、災害防救法

(1) 第三條:「各種災害之防救,以下列機關為中央災害防救業務主管機關,負責指揮、督導、協調各級災害防救相關行政機關及公共事業執行各項災害防救工作:……四、空難海難及路上交通事故:交通部……六、其他災害:依法律規定或由中央災害防救會報指定之中央災害防救業務主管機關。」

(2) 第十三條第一項:「重大災害發生或有發生之虞時,中央災害防救業務主管機關首長應立即報告中央災害防救會報召集人。……」

7、院長於行政院第二七一六次院會中要求所屬各機關及地方各縣市政府,切實依據院頒「災害緊急通報作業規定」,預先建構通報及應變機制,於春節期間隨時待命,以因應突發狀況。

8、災害緊急通報作業規定(八十九年九月十八日生效):四、通報聯繫作業:……(五)災害防救業務主管機關接獲災害訊息時,應立即通報行政院災害防救委員會及行政院國家搜救指揮中心,採取必要之應變措施,並向行政院陳報。

(三) 行政院環境保護署

1、海洋污染防治法(民國八十九年十一月六日公布施行)

(1) 第十條規定:「為處理重大海洋污染事件,行政院得設重大海洋污染事件處理專案小組;為處理一般海洋污染事件,中央主管機關得設海洋污染事件處理工作小組。為處理重大海洋油污染緊急事件,中央主管機關應擬訂海洋油污染緊急應變計畫,報請行政院核定之。」

(2) 第十四條第二項規定:「海洋環境污染應由海洋污染行為人負責清除之。目的事業主管機關或主管機關得先採取緊急

措施，必要時，並得代為清除處理；其因緊急措施或清除
處理所生費用由海洋污染行為人負擔。」

（3）第三十二條第一項規定：「船舶發生海難或因其他意外事
件，致污染海域或有污染之虞時，船長及船舶所有人應即
採取措施以防止、排除或減輕污染、並即通知當地航政主
管機關、港口管理機關及地方主管機關。」

　　　第二項規定：「前項情形，主管機關得命採取必要之應
變措施，必要時、主管機關並得逕行採取處理措施；其因
應變或處理措施所生費用，由該船舶所有人負擔。」

（4）第三十三條第一項規定：「船舶對海域污染產生之損害，船
舶所有人應負賠償責任。」

2、災害防救法

（1）第三條：「各種災害之防救，以下列機關為中央災害防救業
務主管機關，負責指揮、督導、協調各級災害防救相關行
政機關及公共事業執行各項災害防救工作：……四、空難
海難及路上交通事故：交通部。……六、其他災害：依法
律規定或由中央災害防救會報指定之中央災害防救業務主
管機關。」

（2）第十三條第一項：「重大災害發生或有發生之虞時，中央災
害防救業務主管機關首長應立即報告中央災害防救會報召
集人。……」

3、行政院國家搜救指揮中心作業規定

　　　第一章第四節中「二、權責劃分」（三）各部會（單位）
權責──【六】行政院環境保護署：「為毒性化學物質災害之
防救業務主管機關，並依民間需求支援相關專長之訓練。」

4、院長於行政院第二七一六次院會中要求所屬各機關及地方各
縣市政府，切實依據院頒「災害緊急通報作業規定」，預先建
構通報及應變機制，於春節期間隨時待命，以因應突發狀況。

5、災害緊急通報作業規定（八十九年九月十八日生效）：四、通
　報聯繫作業：……（五）災害防救業務主管機關接獲災害訊
　息時，應立即通報行政院災害防救委員會及行政院國家搜救
　指揮中心，採取必要之應變措施，並向行政院陳報。

（五）內政部國家公園法

1、第十三條第三款規定：「國家公園區域內禁止左列行為：……
　三、污染水質或空氣。……」
2、第二十五條規定：「違反第十三條……第三款……者，處五千
　元以下罰鍰；其情節重大，致引起嚴重損害者，處一年以下
　有期徒刑、拘役或五千元以下罰金。」
3、第二十七條規定：「違反本法規定，經依第二十四條至第二十
　六條規定處罰者，其損害部份應回復原狀；不能回復原狀或
　回復顯有重大困難者，應賠償其損害。前項負有恢復原狀之
　義務而不為者，得由國家公園管理處或命第三人代執行，並
　向義務人徵收費用。」

三、相關機關處理情形

　　依據前揭法令規定，本案事件發生涉及行政院海岸巡防署、交
通部、花蓮港務局、行政院環境保護署、內政部營建署墾丁國家公
園管理處、屏東縣政府環境保護局等機關權責，依調查結果，謹就
各機關處理情形簡述如次：

（一）行政院海岸巡防署

1、人員救援階段：一月十四日二〇四五時「海難救護委員會委
　員會」所屬「台北任務管制中心」與「國軍搜救中心」（已更
　名為「行政院國家搜救指揮中心」）接獲基隆海岸電台通報

後；二一〇五時行政院國家搜救指揮中心通報：「有一艘三萬五千總噸級希臘籍貨輪發生海難擱淺，請派艦艇救援」，立即通報所屬第十四恆春海巡隊，同時分別通報高雄、南部地區機動海巡隊、直屬船隊調度巡防艦艇參與執行海難救助任務，於二二二五時將貨輪上二十五名外籍船員全數安全救出。

2、通報：一月十五日十二時五十五分電話通知花蓮港務局現場有油漬反應；同日傳真通報花蓮港務局、內政部營建署墾丁國家公園管理處、屏東縣政府環保局，請各機關依法處理，以防止海域污染。

3、油污清除階段：一月十八日會同墾管處人員至擱淺現場蒐證，該貨輪用油已相當程度外洩，持續協調花蓮港務局、內政部營建署墾丁國家公園管理處、屏東縣政府環保局採取應變，並通報國家搜救指揮中心。一月十九日邀集環保署南區大隊、屏東縣環保局及墾丁國家公園管理處進行現場勘查及召開協調會議（環保署南區大隊未出席）；一月二十一日函花蓮港務局、副知交通部，請儘速依法處理污染問題

4、實施監控、蒐證：二月五日提送調查蒐證情形，請花蓮港務局依法查處。

（二）花蓮港務局

1、通報：一月十五日上午七時四十五分通報交通部。

2、燃油防堵階段：一月十五日下午發函並以電話及傳真請船務公司儘速處理善後；一月十七日核准船務公司緊急抽取船上存油之申請。

3、油污清除階段：一月十八日將現場勘察及因應報告簽陳交通部，建議轉請環保署依據海洋污染防治法規定辦理；一月十九日再次函請船務公司迅即採取處理措施；二月一日派員前往海域現勘。

4、蒐證、移送：一月二十日函請船務公司到局作筆錄；一月二
十九日傳真通知入出境管理局，限制船長、大副、輪機長及
大管離境，並於次日行文；一月三十、三十一日派員前往高雄
會同海巡署製作船長調查筆錄。

（三）交通部

1、通報：一月十四日二三二〇時接獲高雄港務局電話通知交通
部阿瑪斯觸礁有漏油情形，並回復無處理漏油設備，交通部
由航政司追蹤後續事宜；一月十五日航政司於下午一時三十
分簽陳已通知花蓮港務局辦理，後續搶建事宜，將另案簽陳，
由張常務次長家祝核定。

2、油污清除階段：一月十八日航政司簽陳「有關油污處理及船
體處置後續問題，擬請花蓮港務局妥處，並依海難救護機構
組織及作業辦法第五條委員名單規定，委請行政院環境保護
署協助處理」，經部長於一月二十日批示。一月二十日以雙函
稿請花蓮港務局處理輪船體後續處理事宜及協同環保機關採
取緊急應變措施；請環保署協助該輪船體油污監控（交航九
十字第 000845-1 號函）；同日收到環保署（90）環署水字第
0005744 號函：請交通部依海難救護機構組織及作業辦法規
定，動員人力設備清除油污。部簽陳由中華民國海難救護委
員會函國防部辦理（該委員會於二月二日行文）；二月一日
航政司長率員至國防部協調，國防部原則同意如環保機關、
花蓮港務局及船東保險公司無法單獨處理時，將依海難救護
機構組織及作業辦法規定，派出相關兵力設備協助處理。二
月一日派員參加屏東縣保局召開之現場勘查及處理後續協
調會。

（四）行政院環境保護署

1、通報：一月十五日上午八時二十分接獲高雄港務局電告該船擱淺漏油，上午九時十分電請屏東縣政府環保局基於監督角色，監督業主儘速將所餘燃油抽出。並電洽海巡署、海洋巡防總局了解狀況，通知船公司、花蓮港務局儘速處理。同時洽請中央大學遙測中心蒐證，掌握油污情況。

2、燃油防堵階段：一月十六日電請屏東縣政府環保局依海洋污染防治法規定，要求船公司採取應變措施，以防止、減輕及排除污染。同日環保署督察大隊南區隊簽陳報告表內容略以：「油污並未擴大，已要求船東應先抽油。」署長一月二十日批示「請水保處密切關注處理。一旦發生任何意外，本署責任最大。」。

3、油污清除階段：

（1）一月十八日環保署、海巡署、墾丁國家公園管理處欲前往現場了解船身斷裂情形，但無法出海。

（2）一月十九日函請中油協助清理油污；同日函請花蓮港務局依海洋污染防治法規定，限制相關船員離境。南區大隊派員會同屏東縣環保局等前往勘察。同日水保處陸續於十一時四十分、十五時及十七時五十分，簽陳本案內容摘要分別為「初步判斷油污有逐漸擴散趨勢。」、「估計該船重油存量約為一千五百公秉，預估會有五百公秉外洩。」及「報告各相關機關辦理情形」。經署長批示「茲事體大，如擬」、「處長：應以緊急事件處理」及「看似會導致嚴重後果，請處長速謀對策，協調各方。否則將來出事，本署責任重大」。

（3）一月二十日下午以（90）環署水字第 0005744 號函請交通部（副知國防部）依海難救護機構組織及作業辦法規定，

動員人力設備清除油污。再度電洽屏東縣環保局「請墾管
處於海岸設置污染警告牌」。本署並設立春節緊急電話聯絡
網。一月二十二日水保處宋科長至現場督導船東儘速處理
油污。台灣海運公司已備妥清理設施及器材運至現場，因
天候狀況無法進行。一月二十三、二十四日該公司表示除
夕、年初一無法僱工。一月二十五日環保署再洽增人力，
已增至四十餘人，SMIT 公司也以救難船抽出六十立方公尺
燃料油。一月二十六日已增至五十餘人，清除五噸、海上
續抽八十三立方公尺。一月二十七日動員五十人，一月二
十八日動員七十人；海上則因海象不佳無法抽油。一月二
十九日再度洽請中油協助處理，並要求船公司儘速抽除尚
留存之燃料油，本污染者自行處理原則清除污染；二月一
日派員會同屏東縣政府環保局召集之協調會，要求船東加
速除油。水保處內部簽陳「……一月二十日下午三時三十
分處內會議緊急研商因應之道，……電請屏東縣環保局下
緊急命令，要求代理公司……，一月二十九日下午接獲船
務公司一月二十日下午七時〇八分傳真，要求本署協
助……」，簽擬「繼續追蹤後續處理情形及油污清除狀況。」
於一月三十日補陳署長批示：「請水保處主動處理，不令其
惡化的可能。不應令地方環保局等拖延。」。

(4) 二月五日水保處長赴現場並率相關人員與屏東縣政府等機
關組成專案小組，評估後續工作事宜。二月六日下午三時
邀集交通部、內政部、外交部、國防部、海巡署等研商，
並決議成立各機關聯合小組處理後續事宜，同日下午召開
工作小組第一次會議。

(5) 二月七日林署長至至墾丁龍坑，指示加強除污工作。下午
九點召開工作小組第二次會議，決定各單位進駐。二月九
日上午林署長於海洋生物博物館召開跨部會小組會議，確

定各單位任務分工，指示海上預防及陸上除油工作，並接見民眾化解阻力。二月十日署長陪院長巡視。二月十一日林署長進駐指揮，協調國軍動員八千多人次，於十六日提前完成岸際油污清除工作。二月十七日署長召集諮詢會議展開第二階段清理工作。

（五）屏東縣政府環境保護局

1、通報：一月十五日聯絡海巡署及花蓮港務局接洽是否有污染之情事，並簽擬「後續作業將以監督立場要求花蓮港務局通知業者抽取船內油料。」陳縣長核閱；同日成立應變小組。

2、燃油防堵階段：一月十五日請花蓮港務局依海難救護機構組織及作業辦法要求船公司抽取船內油料。一月十六日電告並於次日行文要求船公司依海洋污染防治法第三十二條規定採取防止排除，減輕污染措施。一月十七日函請寶威公司立即抽取船內油料，電請台灣海運公司做好防止油污外洩措施、佈設攔油索等工作，但因海浪太大，無法進行。

3、油污清除階段：一月十九日將會同海巡署恆春分隊等機關現場勘查情形告知環保署宋科長，並請船務公司準備抽油機具進行清除；一月二十日依海洋污染防治法規定，處該船公司三十萬元罰鍰，並限二月五日前改善；一月二十二日陪同環保署宋科長及船務公司副理前往龍坑勘查採樣；一月三十日發開會通知單，通知環保署、交通部等單位於二月一日下午二時辦理現場勘查及處理後續協調會。

（六）內政部營建署墾丁國家公園管理處

1、通報：一月十四日二十二時四十分接獲國家公園警察大隊墾丁警察隊電話通知，迅即要求了解情況。

2、燃油防堵階段：一月十五日前往龍磐及龍坑地區沿岸勘查，以電話及特急件函請船務公司儘速派員處理；並簽請依據國家公園法第十三條規定予以告發；一月十六日再次電請船務公司加速處理擱淺船體及油污；一月十七日召開緊急處理小組第一次會議，全處動員投入各相關工作，下午三時五十分將處理情況通報環保署，並請教海洋污染防治法相關規定；再度聯絡船務公司。

3、油污清除階段：

(1) 一月十八日緊急拜會海巡署恆春海巡隊請求支援，並請依海洋污染防治法規定權責執行取締、蒐證、移送等工作。一月十九日租用膠筏至擱淺地點勘查，對海面油污進行採樣；會同南區督察大隊海巡隊及船方代表進行現勘，並研擬處理步驟，現勘後，參加會勘會議。一月二十日以特急件及大哥大通知船務公司儘速採取污染防範及抽除清除油污措施。另於一月二十、二十九、三十一及二月二日陸續召開緊急處理小組會議。

(2) 二月一日下午請求恆春三軍聯訓支援除污人力，軍方表示目前人力不足無法支援。二月二日對船務公司課以罰鍰，並請迅速清除海面及礁岩污染油料。針對船務公司一月三十一日特急件所請求支援事項，上午會同該公司人員會勘並同意修剪枝葉以方便通行。

(3) 二月五日下午二時營建署劉副署長率公園組同仁親赴現場勘查，召開國家公園生物性緊急災難處理會議，決議加速與船務公司聘請之油污處理專家溝通，加速處理油污。將事件經過簽報營建署。

(4) 二月七日函請船務公司在不改變地形地貌原則下同意修剪步道旁枝葉，另為加速油污回收處理時效，速加派人力，增加設備，以擴大回收面。

（5）二月八日行文寶威船務公司及台灣海運公司儘速積極處理船艙剩餘油料與礦砂抽取及擱淺貨輪脫離現場等工作，請加派人手，增加設備，加速海岸油污的回收處理時效。

（七）中國石油公司

油污清除階段：一月十九日接獲環保署電話通知，於電話中即提出四點建議。下午三時再接獲環保署傳真函，三時三十分告知環保署，由於該公司船無法接近貨輪，且該貨輪已無動力，中油無法協助抽取船內燃油，並建議環保署向該船之保險公司（P&I）或海上專業救難公司尋求援助。二十日上午派員至現場勘查。

四、權責分析

本事件發生過程可分人員救援、燃油防堵、海面油污清除及海岸油污清除等階段，針對法令等相關規定，檢討分析各機關辦理情形如次：

（一）政院海岸巡防署

1、依海岸巡防法第四條規定，應執行海難救難任務。經查證發現，該署於一月十四日二十一時五分接獲通報，即於二十二時二十五分將貨輪上二十五名船員全數安全救出，救難行動應予肯定。

2、希臘籍阿瑪斯輪於一月十三日二十二時左右主機發生故障，無法行駛，逐漸往鵝鑾鼻附近海域漂流，一月十四日十三時已漂流距淺水區九海浬，一月十四日十七時四十分船身已擱淺。惟查證發現，十四日十五時興海路雷哨開機時，雷達螢幕上已發現該貨輪，惟遲至十九時四十分始發現可疑，才連絡十四海巡隊前往查看，由處理過程顯示，海巡署對於異常船隻監控及應變能力仍有待加強。

（二）交通部

1、依海難救護機構組織及作業辦法第十三條及海水污染管理規
則第四十七條規定，商港管理機關除應立即採取緊急措施
外，必要時得迅速報請海難護委員會協調相關單位或其他民
間海難救護業支援辦理，並得組成專案小組處理之。依資料
顯示，交通部在事件發生後，雖有依據海難救護委員會之運
作機制，在海難發生時，立即按功能設計依平時之各任務
編組，自動啟動展開緊急救護、防漏處理、油污清除及航
行安全措施等作業，迅即以電話及傳真通知船東及保險公
司儘速派員前往處理，並依海難救護機制，除以電話通知
環保署外，亦行文環保署依法採取緊急處理及應變措施，
惟未能依據「海難救護機構組織及作業辦法」第十三條，
以及「海水污染管理規則」三十九條、四十六條、四十七
條之規定，更積極協調相關機關，立即採取緊急處理及有
效應變措施，所採措施顯未臻積極。

2、依災害防救法第十三條、災害緊急通報作業規定第四條規定
及九十年一月三日本院第二七一六次院會院長提示事項，災
害防救業務主管機關接獲災害訊息時，應立即通報行政院災
害防救委員會及行政院國家搜救指揮中心，採取必要之應變
措施，並向行政院陳報。惟海難事件發生過程及春節期間，
交通部均未依災害緊急通報作業規定向行政院災害防救委員
會、行政院通報，顯有疏失。

（三）交通部花蓮港務局

1、依海難救護機構組織及作業辦法第十三條規定，商港管理機
關應設置災害處理中心，辦理海水污染之處理。經查證發現，
交通部花蓮港務局宣稱已成立災害處理中心，惟未有相關人

員進駐現場及指揮協調相關機關，且該中心對於污染情形僅限於通知船務公司積極改善及通報相關機關處理，未能依規定積極整合相關機關採取有效防堵燃油持續外洩及清除油污措施，顯有疏失。

2、依海洋污染防治法第三十五條規定，港口管理機關得限制船舶及相關船員離境，惟事件發生後，至一月三十日始將相關船員限制離境（期間一位大副已於一月二十三日離境），作業時程過於緩慢，未視事件嚴重性依法採取緊急處理措施（詳如附件五）。

（四）環保署

1、本事件發生初期雖屬「海難」，環保署卻仍於十五、十六日即密切與相關機關聯繫，俾能掌握事件後續發展。

2、依據海洋污染防治法第十條之規定，為處理重大海洋污染事件，行政院得設「重大海洋污染事件處理專案小組」；為處理一般海洋污染事件，中央主管機關（即本院環保署）「得設海洋污染事件處理工作小組」；為處理重大海洋油污染緊急事件，應擬訂「海洋油污染緊急應變計畫」。然自八十九年十一月一日該法公布以來迄本事件發生二個半月間，未能及時完成「工作小組的設立」與「緊急應變計畫的擬訂」（註：九十年二月十二日方以環署水字第○○○九○四六號函報院）；以致於海水污染事件發生後，無法及時整合各相關政府部門救災資源，發揮應變的功能。母法公布施行後，相關子法訂定進度緩慢，實有疏失。

3、依據海洋污染防治法第十四條、第三十二條之規定，均有「必要時」主管機關「得代為清除處理」或「得逕行採取處理措施」，此一規定皆係為達成本法第一條「防治海洋污染，保護海洋環境，維護海洋生態」之立法目的。因此，主管機關在

要求「海洋污染行為人負責清除」時,應指派權責人員進駐現場,密切了解「海洋污染行為人」清除的情形;一旦情況持續惡化,則在要求「海洋污染行為人」增加清除能力的同時,亦應有動員船隻、機具、技術人員等資源之準備,俾能於「海洋污染行為人」無法遂行其義務時,環保署得以「代為清除處理」或「逕行採取處理措施」。而環保署無法於第一時間提出「有效的代處理方案」,顯有疏失。

4、事件開始,環保署認為係屬海難事故,因此要求相關機關監督及注意事件後續發展等作為,應屬適當。惟至一月十八日「船身開始破裂並有明顯漏油,使本擱淺事件已非單純之船難事件」時(見環保署處理情形大事紀一月十八日),並未依「災害防救法」第三條之規定以「中央災害防救業務主管機關」的立場,於同法第十三條「重大災害發生或有發生之虞時,中央災害防救業務主管機關首長應立即報告中央災害防救會報召集人。」;且與院長於本院第二七一六次院會中「所屬各機關及地方各縣市政府,切實依據院頒『災害緊急通報作業規定』,預先建構通報及應變機制,於春節期間隨時待命,以因應突發狀況。」之要求有所不符。因此,環保署未能依規定於事件發生後向上通報,確有疏失。

5、一月十八日「船身開始破裂並有明顯漏油,使本擱淺事件已非單純之船難事件」,環保署林署長於該署內部陳核重要案件摘要報告時,其四次批示分別如左表;由署長批示已顯示出事件嚴重性,卻未成立「緊急應變小組」以重大事件採取有效應變措施,仍以「一般事件」的方式處理本案,時效握與處理方式顯有不當。

簽報日期	報告內容摘述	署長批示內容與日期
元月十六日 （十一時四十分）	油污並未擴大，已要求船東應先抽油。	請水保處密切關注處理。一旦發生任何意外，本署責任最大。（元月二十日批示）
元月十九日 （十一時四十分）	初步判斷油污有逐漸擴散趨勢。	茲事體大（元月十九日批示）
元月十九日 （十五時）	估計該船重油存量約為一千五百公秉，預估會有五百公秉外洩，龍坑至砂島一帶海域已受油污污染，油污似有擴大跡象。	處長：應以緊急事件處理。（元月二十日批示）
元月十九日 （十七時五十分）	報告各相關機關辦理情形。	看似會導致嚴重後果，請處長速謀對策，協調各方。否則將來出事，本署責任重大。（元月二十日批示）

（五）內政部營建署墾丁國家公園管理處

1、墾丁國家公園業於九十年一月十五日簽請國家公園警察大隊依據國家公園法第十三條第三款、第二十五條之規定告發，並以（九十）營墾保字第〇三五五號函請船公司「儘速派員處理善後暨因應防範相關事宜」，一月二十日以（九十）營墾保字第〇五二八號函請船公司「儘速拖離該船及將擱淺船體內艙儲油抽除」，於二月二日以（九十）營墾企字第〇四九一號函對船方課以罰鍰。墾丁國家公園管理處在通報及對污染者裁處罰鍰部分，應屬允當。

2、依國家公園法第二十七條之規定：「違反本法規定，經依第二十四條至第二十六條規定處罰者，其損害部份應回復原狀；不能回復原狀或回復顯有重大困難者，應賠償其損害。前項負有恢復原狀之義務而不為者，得由國家公園管理處或命第

三人代執行，並向義務人徵收費用。」墾丁國家公園管理處
對於龍坑生態保護區遭受燃油污染之應變能力仍有待加強。

（六）屏東縣政府環保局

屏東縣政府環保局於一月十五日九時六分接獲環保署傳真後，
即將辦理情形於當天下午十三時五十分簽陳縣長，並於同日由環保
局成立緊急應變小組。一月十七日即函請船務公司「立即採取必要
應變措施，抽取貨輪內油料」。一月二十日因船務公司未採取有效防
護措施，致污染海域，函送違反海洋污染防治法案件處分書，並限
期繳納，否則將按日連續處罰。並於二月一日主動邀集相關機關，
辦理現場勘查及處理後續協調會。屏東縣政府在本次事件中，自
始均有通報相關機關，且依環保署各項指示進行相關作業，相關
應變措施應屬適當。

五、檢討與建議

本事件發生後在一月十四日二十一時五分接獲通報，即於二十
二時二十五分將貨輪上二十五名船員全數安全救出，並開始要求船
公司採取燃油防堵及油污清除工作等表現，值得嘉許；惟造成本事
件擴大的主要原因在於主管機關，均將本案以「一般事件」的方式
處理，僅相互通報、相互行文，而未有效啟動「海難救護機構組織
及作業辦法」與「海洋污染防治法」的相關機制積極處理；進而未
依規定向行政院進行「災害緊急通報」，而延誤相關處理時機。謹提
出下列建議：

1、舉凡重大緊急事件均應本著「立即通報、立即成立應變中心、
　　高階進駐、立即處理善後」等四原則處理，惟依本調查結果，
　　相關機關處理本事件，雖有相互通報，卻未依規定向上通報；
　　雖有成立應變中心，卻未能採取有效防污措施，以致釀成燃

油污染事件；發展至今善後處理雖有成果，惟已引起各界關注與指責，故難謂「立即處理」。

2、由於海難事件與海水污染事件上有許多「應辦事項」與「法令規定」之介面亟待協商處理，建議交通部與環保署宜儘速針對「商港法」與「海洋污染防治法」甚至「災害防救法」的相關法律競合部分予以釐清；並協商建立密切聯繫機制。

3、「行政院重大海洋污染事件處理專案小組設置要點」業於九十年二月十四日院會通過，為有效整合「商港法」及「海洋污染防治法」之規定，提升機制運作績效，相關機制的運作原則謹提四點意見如下：

(1) 當海難事件發生之初，應先啟動海難救護機制進行第一時間處理。

(2) 當海難事故有轉變為重大海洋污染事件時，應啟動重大海洋污染事件處理機制，雙方應密切聯繫相互協調。

(3) 為明顯重大海洋污染事件時，重大海洋污染事件處理機制即應自行啟動。

(4) 海難救護機制與重大海洋污染事件處理機制權責發生爭議時，應即刻陳報行政院裁定。

4、依據海難救護機構組織及作業辦法第十三條之規定與海水污染管理規則第四十七條均有規定商港管理機關「必要時」之相關作為；海洋污染防治法第十四條、第三十二條之規定，亦有「必要時」主管機關「得代為清除處理」或「得逕行採取處理措施」。類此「必要時」的時機研判應及早研商確立其條件及程序，以作為爾後類似事件，政府部門介入時機之依據。

參考書目

〈行政院研究發展考核委員會組織法〉，行政院研考會，2008。

〈行政院研究發展考核委員會辦理專案調查作業要點〉，行政院研考
　　會，2001。

〈希臘籍貨輪阿瑪斯號污染事件專案調查報告〉，行政院研考會，
　　2001。

王振旅，〈管制考核業務綜述——專案調查考核〉，行政院研考會編
　　印，1987。

第八章 反恐怖危機處理機制之研究

壹、前言

安全是人類生存的最基本需求，提供人民安全的生活環境也是國家存在的主要原因，世界各國莫不以保障人民財產安全、提升人民福祉及生活水準為國家之宗旨。為確保國家及政權之存在，並實現上述宗旨，政府部門不斷地提升公部門績效、實施政府革新及政府改造措施。政府危機處理是否妥適，關乎政府信譽及公共管理績效，甚至與國家社會的整體安全與利益息息相關，危機處理不當，將擴大人民生命及財產損失，並導致人民對政府部門喪失信任。

一、動機與目的

傳統以來，各國政府所面臨的最大危機與災難莫過於來自敵對國家所發動的戰爭，然近年國家安全的威脅已不再侷限於傳統性的戰爭，取而代之的是各種跨國恐怖組織所從事的破壞行動。例如日本 1995 年所發生的奧姆真理教毒氣事件、美國 2001 年遭受的 911 恐怖攻擊及近期接連發生印尼峇里島、菲律賓暴力攻擊事件與莫斯科挾持人質危機，均顯示恐怖主義肆虐的範圍逐漸在擴大，世界各國均無法忽視。

恐怖攻擊事件的發生，除立即對當地經濟、社會及民眾造成難以估計的重大損害外，亦直接衝擊國際政治、經濟與社會。從 911 事件發生後，各國政府均把反恐危機處理工作列為當務之急，2001 年 9 月 28 日聯合國安理會通過 1373 號決議，賦予聯合國會員國要

以一切手段打擊恐怖主義造成的危害。全球反恐陣線效應逐漸在全球擴散，各國從建構反恐組織、強化運作模式及加強恐怖主義相關資訊交流等方向同時著手，俾期能夠遏阻恐怖事件發生。

追求和平、反對暴力恐怖行動，是我國一貫的立場，我國雖非聯合國會員，但誠如 總統在 911 周年前夕明白宣示，台灣位於亞太地區的重要門戶，不論在人員、資訊、金融、科技等網路，都有不可忽略的戰略地位，國際反恐的網路如果少了台灣，將使反恐陣線出現缺口。

鑑於國際恐怖事件的嚴重危害性，假若我國發生類似恐怖事件或週邊國家遭受恐怖行動攻擊時，我國處理危機事件的相關偵防、情蒐、通報、處理、後續搶救及復原等機制，可否在最短時間內迅速啟動及有效因應處理，並發揮預期的緊急應變及處理功能，頗值得省思及檢討。因此，本文爰搜集主要國家處理危機及恐怖事件機制之相關文獻，並參照我國現行處理危機事件機制及實作現況，進行檢討分析。

二、研究方法

本研究特針對政府處理危機及恐怖事件機制作深入探討，先就危機的定義與類型、恐怖主義的定義與類型深入分析，透過文獻蒐集、邀集專家等方法，採用歸納及演譯方式並經相關主管機關提供意見，將理論與實務結合，以期建全我國政府處理危機及恐怖事件機制。本文研究方法敘明如下：

（一）研究程序

1、研究主題確立：本組成員包括邱處長吉鶴、卜科長正球及黃專員宏光，以小組方式，形成共識，首先以腦力激盪方式草擬研究大綱，並多次集會修正。

2、資料蒐集與整理：
　（1）文獻法：文獻探討以書籍、期刊、博、碩士論文為原則，
　　　　並從下列幾個方向進行本研究文獻的蒐集：
　　　　a. 利用國家圖書館網路資源搜取相關資料。
　　　　b. 利用政府出版品及研考會出版品網路資源搜取相關資
　　　　　 料。
　　　　c. 立法院法律查詢系統搜取相關法令資料。
　　　　d. 利用網路檢索
　（2）專家意見法：本研究採用書面文獻的蒐集，由於我國相關
　　　　機制實際運作資料並不多見，因此藉由與實務界專家的溝
　　　　通，益顯重要。本研究作法如下：
　　　　a. 邀請學者與本小組共同開會提供理論及實務意見。
　　　　b. 請相關主管機關提供實務上意見。
3、撰寫研究報告：撰寫報告，並將初稿送請學者與主管機關提
　　供修正意見。

（二）分析架構

　　本研究報告共分捌大部分，第壹部分為前言，敘明本研究動機
目的與研究方法；第貳部分就危機的定義與類型、恐怖主義的定義
與類型深入分析並說明危機處理應有之步驟；第參就我國可能發生
的恐怖主義活動做一闡述；第肆則蒐集美國、日本及法國處理危機
機制，並就各國現行危機處理體制，包括決策機制、救災體系及反
恐作為等方向，做一詳細介紹；第伍以區分重大影響國家安全事件、
實際發生戰爭狀態、緊急危難或財政經濟重大變故、一般影響國家
安全及治安事件及重大災難事件等五大危機類型，彙整現行法令規
定；第陸部分說明我國憲政體制危機處理分工之運作，並就危機發
生時決策指揮權的歸屬、危機情資通報處理以及危機事件後續處理
機制分別作一檢討與分析；而第柒部分則以危機處理步驟檢討分析

我國反恐怖危機處理機制的運作現況；最後一部分就各國危機處理
對我國的啟示以及歸納我國現制檢討發現後，嘗試提出對政府現行
反恐怖危機處理機制的具體改進建議作法，並敘明本研究之限制。

（三）資料分析方法

以文獻探討為基礎，配合專家、學者及國內反恐危機處理相關
主管機關意見，融合國外作法，採歸納及演譯方式，檢討我國現制
缺失以提出具體可行建議供政府部門參考。

貳、危機與恐怖事件分析

在進行後續的探討之前，謹先就與本研究主題相關之危機及恐
怖主義作一文獻蒐集、整理與剖析。

一、危機事件

危險是人類在物競天擇環境中天賦生存的感覺，危機則是當感
受到危險訊號時所產生另類機會的意識。

（一）危機事件的定義

根據國際社會百科全書的解釋，危機概念可分為兩類：一類是
實質的，另一類是程序的。實質的危機包括危機問題的形成或情勢，
以及處理危機時的特定政策；而程序的危機則強調危機的一般特徵
或特性，而不以其是國際性的或政治性的，抑或是政治性的或經濟
性的來區分[1]。以下僅引述幾項著名的危機定義如下：

---

[1] 連正世（1989），「危機管理之研究──1986 華航事件」，政大外交所碩士論
文，民國 78 年，頁 12。

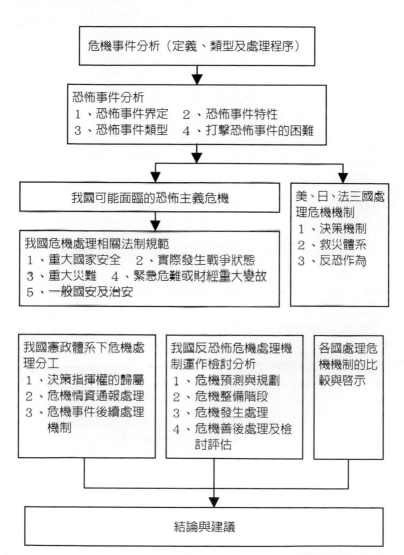

圖一　反恐怖危機處理機制之研究分析架構

1、危機通常暗示一種故意的挑戰和一種故意的反應，雙方都希望能改變歷史的方向以有利於他們……[2]。

2、危機是一種含有下述三種特點的狀況：(1)威脅決策單位的高度優先目標；(2)在情況未曾轉變之前能用的反應時間有限；(3)對決策單位而言，危機乃是未曾意料而倉促爆發所造成的一種意外驚訝[3]。

3、危機是突然出現一種情況，要求一個國家或多個國家必須在相當短的時間內作成一個政策選擇，此種情況要求在彼此不相容，而都具有高度價值的目標之間作一選擇。[4]

4、國際危機是兩個或多個主權國家政府之間的一連串互動，而這些國家正陷於嚴重衝突中，雖尚未發生實際戰爭，但已含有相信戰爭有極高度發生機率的認知。[5]

5、國際危機應有四種特性：(1)危機包括一個重要的轉捩點在內；(2)必須作某種決定；(3)至少有一方面的主要價值受到威脅；(4)以突發的緊急事變而必須在時間壓力之下作決定者為限[6]。

---

[2] Alastair Bucham, Crisis Management, cited in Coral Bell, "Crisis Diplomacy", Strategic Thoughtin the Nulear Age (Baltimore: Johns Hopkins, 1979) p.159.

[3] Charlos F. Henman, Crisis in Foreign policy (Bobbs-Messill, 1969) p.29.

[4] Edward L. Mores, "Crisis Diplomacy, Interdependence and the politics of International Economic Relation", cited in Raymond Tamter and Richard H. Vilman, Theory and policy in international Relations (Princeton, 1973) p.6

[5] Glenn H. Snyder and Paul Deising, Conflict among Nations: Bargaining, Decision making and System Structure in international Crisis (New jewcy: Pnnceton University Press, 1977) p.6.

[6] Karl W. Deutsch, "Crisis Decision-Making: The Information Approach" in Daniel Frei, ed., Managing international Crises (Beverly Hills: Sage Publication, 1982) p.15.

6、危機乃是「針對處於不確定情況之事件，必須立即作決定性的改變。[7]」

各國政府處理危機多將反恐怖事件列為重要工作的一環，在探討恐怖事件前應先對「危機」有所瞭解，歸納各界對於危機一詞的定義具有以下的特質：

1、危機爆發對決策者具有意外性質；
2、危機是一種情境，威脅國家利益及基本政策目標；
3、危機決策必然涉及最高決策當局；
4、危機具有時間壓力；
5、危機要求必須作決定，而參與決策人數不多；
6、危機如果處理失敗可能導致區域或國內體系的劇變；
7、危機或含有高度戰爭危機。

（二）危機事件的類型

自從二次世界大戰後，世局錯綜複雜、詭譎多變，有若干危機幾乎不可分的相互纏結在一起，因此，危機所具有的多元性質是值得我們重視，認識不同危機事件的類型，對妥善處理危機事件將有所助益。根據紐德（Mayer Nudell）及安托可（Norman Antokol）在「有效的緊急及危機管理手冊（The Handbook for Effective and Crisis Management）」中界定五大危機類型：

1、天然災害（natural）：包括風災、地震、洪水等；
2、交通意外事件（addidents）；
3、科技意外事件（technological accidents）：如化學、核能意外災害；

---

[7] 韋氏國際字典，頁538。

4、人為誘發之災難（induced catastrophes）：如政治示威事件、
　綁票犯罪等恐怖事件；

5、戰爭對民眾所形成之危機（war-related emergency fo civilians）[8]。

此外，貝爾（Coral Bell）以為可能形成戰爭之危機有以下六種[9]：

1、整體權力平衡的對立危機，可能形成傳統或核子戰爭；

2、局部均勢的對立危機，可能產生傳統性戰爭；

3、聯盟陣營內或勢力範圍危機，可能產生局部軍事壓制或懲罰
　性攻擊；

4、謀求再統一或鬧獨立的危機；

5、殖民地關係或殖民獨立後關係危機，通常都因為宗主國轉移
　權力，不如當地民族主義者所希望的快速與深廣而發生；

6、國內政治意見的危機。

　　綜合上述，危機雖然具有意外的特質，但並不表示所有的危機
均是晴空霹靂，危機通常具有潛伏期。潛伏期雙方敵對關係已經存
在，一直到有一方進行挑戰升高緊張情勢，而另一方拒絕屈服時，
使雙方的緊張關係跨過危機門檻，使此一情勢進入危機的階段。在
危機潛伏時期，最有效的處理危機方法，是儘可能在危機未爆發之
前加以處理，若無法避免危機發生時，則應依賴完善危機後續處理
機制，將損害降至最低。

---

[8] 詹中原（1990），「美國政府之危機管理：組織發展與政策架構」，《美國月刊》，
　第五卷，第五期，（台北：民國 79 年 9 月），頁 100。

[9] Laurence Martin，謝永譯，核子時代的戰略思想（台北：黎明文化事業公司，
　民國 65 年）頁 205-206。

（三）危機處理的步驟

前文已闡述危機的定義與類型，而政府危機處理應係指政府因應危機情境所採取系統性、制度性之管理作為。學者孫本初認為「危機處理乃是組織為了避免或減輕危機情境所帶來的嚴重威脅，而從事的長期性規劃及不斷學習、適應的動態過程。亦可說是一種針對危機情境所作的管理措施及因應策略」。而 Fisk 認為「危機處理係指組織為防止危機發生所採行的措施。有效的危機管理應包括預測、建構危機應變計畫、發現危機、隔絕危機、處理危機，並作好與大眾傳播媒體關係的活動」。因此，危機並非僅於發生時要處理，平時即應有適當的預防措施及危機發生後之相關處理作為。以下謹就學者對危機處理的步驟說明如次：

1、William Ascher 則將危機處理步驟分為危機認知（understanding crisis）、危機預測（anticipating crisis）、危機動員（moblizing for cisiss ）及參與危機處理（ participation for crisis management）等四階段。

2、Nunamaker 等人將危機處理步驟區分為以下三個階段：（1）危機爆發前之運作與活動——應建立危機感應系統、危機計畫系統、草擬危機計畫說明書及設置危機訓練系統；（2）危機爆發時之運作與活動－應成立危機處理小組、建立危機情境監測系統及設置危機資源管理系統；（3）危機爆發後之運作與活動－成立評估系統、加速復原工作的進行、從教訓中學習與危機處理之再推動。[10]

3、羅伯斯（Jonathan M. Roberts）的危機處理三步驟依序是預防危機之發生、研擬各種應變計畫以及行動架構設計。

4、Fink 在 1986 年將危機的發展階段區分為潛伏期、爆發期、長期危機期以及解決期四階段。

---

[10] Nunamaker et al., 1989: 16-21.

5、Blackley 在其「檢視危機準備與危機處理」中將危機處理分為評估（assessment）、預防（prevention）、準備（preparation）、回應（response）與恢復（recovery）五個階段。

6、美國聯邦緊急事務管理總署（Federal Emergency Management Agency，FEMA）將危機過程分為(１)紓緩（mitigation）——預防改善，包括足以減輕災害損害之各種因應措施；(２)整備（preparedness）：因應措施、設計及計劃，包括設計危機運作計劃、建立危機資訊溝通網路、建立緊急事件處理中心、建立危機警報系統、緊急事件處理人員訓練計劃及模擬、資源管理計劃；(３)回應（response）：行動策略，包括醫療救援系統（Life）、緊急事件處理中心之運作（Center）、就難及撤銷計畫（Rescue）、災民收容（Living）、第二波災害發生可能性預防措施（Prevent）及(４)復原（recovery）：回復民生設備、重建交通、控制污染，等四階段。

綜合上述學者及機構對於危機處理步驟的闡述，並考量政府特性，似可將危機處理步驟區分如以下階段：

1、危機預測與規劃階段：包括危機資訊蒐集、危機處理組織規劃、危機處理計畫規劃、危機處理訓練以及危機意識宣導等。

2、危機整備階段：認知危機情境、準備啟動相關因應措施。

3、危機發生處理階段：包括成立任務編組之危機處理緊急應變小組、政府與民間組織動員、醫療救護、災區或危機情境之緊急處理以減少或降低損失，以及新聞媒體處理等。

4、危機善後處理階段及檢討評估階段：災區重整與重建、受災人員輔導及其他資源或補助經費的支援；檢討評估前面三階段執行情形並作成案例、修正及改善制度，回復正常的危機預測與規劃階段，設法避免事件的重複發生（avoid repetition）。

二、恐怖事件

　　處理恐怖事件的機制是各國危機處理的一環，在說明相關處理作為之前，我們必須對於「恐怖事件」一詞有所瞭解。

（一）恐怖事件的界定

　　國際間對於恐怖主義乙詞並無單一的定義，主要原因在於恐怖活動型態繁多，難以界定。例如史密特（Alex P. Schmid）和江曼（Albert I. Jongman）等人共歸納出對恐怖主義的一〇九種定義，惟這些不同的定義仍指出許多構成恐怖主義的共通成分，在這一〇九種定義中，有 83.5%出現「暴力」、「武力」字眼，65%出現「政治的」字眼，51%出現「恐怖害怕」，47%用到「威脅」，41.5%出現「心理效果和預期反應」，37.5%指出目標與受害者間的差異，32%提到刻意地、計劃的、有系統的、有組織的行動，30.5%提到戰鬥、戰略、戰術的方法。以下僅引述幾項國外學者及美國政府單位對恐怖主義的定義如下[11]：

1、史密特（Alex P. Schmid）對國際間恐怖主義的百餘名學者進行問卷調查，結果有 81%之學者可以接受恐怖主義為：恐怖主義是一種由秘密之個人、團體或國家行動者，所屢次採用暴力行動以激起恐懼、憂慮、不安的手段；恐怖份子一般漫無目標地選取直接受害對象，或是有選擇性地由目標群眾中擇取對象，恐怖行動中之直接受害者並非主要行動目標，而是傳遞訊息之媒介；恐怖主義之訴求目的將決定該團體所可能採取之恐怖活動方式[12]。

---

[11] 林文程，「恐怖主義的特質與反恐怖主義的困境」，立法院院聞，第 29 卷第 10 期，頁 37。

[12] Alex P. Schmid, "The Response Problem as a Definition Problem," in Alex P. Schmid and Ronald D. Crelinsten (eds), Western Responses to Terrorism, Frank Cass & Co., Oregon, 1993, p.8.

2、內坦雅虎（Binyamin Netanyahu）將恐怖主義界定為：對無辜者之精心設計和系統的謀殺、傷殘、和脅迫以激起恐怖來達到政治目的[13]。

3、甘諾（Boaz Ganor）視恐怖主義為：對平民或民間目標刻意的使用或威脅使用暴力以達到政治目標[14]。

4、拉寇爾（Walter Laqueur）將恐怖主義視為是：次國家團體使用暴力或威脅使用暴力之行為，目的在製造社會之驚慌、削弱或甚至推翻在位者及引發政治變革[15]。

5、美國國務院則將恐怖主義定義為：係次國家團體或秘密代理人，企圖影響群眾而針對非戰鬥對象為目標，所採取之預謀性政治動機的暴力行動。

6、美國聯邦調查局將恐怖主義定義為：使用不法武力或暴力攻擊人民或財產，以要脅或恐嚇政府、社會及人民，並增進其政治或社會目的的暴力犯罪行為。

另外，美國發生 911 事件後，香港政府將恐怖活動的動機由「為政治或社會目的」修正為「為政治、宗教或意識形態目的」，以適應國際恐怖活動的最新發展。相關專家學者則建議加入有關「針對人或財產」、「非法使用武力或暴力」等元素，也有人建議加入「針對電腦或電子系統」的字眼，以防恐怖分子發動「電子戰」，破壞核電廠或水壩等重要公共設施，並加入使用生化和核子武器等「非暴力」襲擊模式。

---

[13] Binyamin Netanyahu, Terrorism: How the West Can Win (New York: Farrar, Strauss and Giroux, 1985), p.9.

[14] Boaz Ganor, "Defining Terrorism: Is One Man's Terrorist Another Man's Freedom Fighter?" in http://www.ict.org.il/articles/define.htm

[15] Walter Laqueur, "Postmodern Terrorism," Foreign Affairs, Vol.75, No.5 (September/October 1996), p.24.

馬來西亞總理馬哈地認為，只要攻擊的對象是平民，任何形式的武裝攻擊都應視為恐怖行為，執行恐怖行動的人應被視為恐怖份子，無論這些行動是自發性或是政府的命令，也不管這些人是軍人與否，只要他們攻擊平民百姓，就是恐怖份子，這是馬哈地對於恐怖活動的定義，不過他也認為如果平民是在烽火線上被意外誤殺，從事攻擊行動的人就不能被貼上恐怖份子的標籤。根據這項定義，911 事件、巴勒斯坦人肉炸彈攻擊，以及以色列軍隊攻擊平民，都屬於恐怖活動，任何支持這些活動以及這些份子的人都是恐怖份子。

國內法務部於 2002 年 11 月 20 日剛通過的反恐怖行動法草案，則將恐怖行動定義為基於政治、宗教、種族、思想或其他特定信念之目的，從事計畫性、組織性足使公眾心生畏懼，而危害個人或公眾安全之行為。

綜合以上說明，恐怖主義可界定為：「國內外特定團體、組織或個人為遂行其政治、社會、經濟或意識型態之目的，進而從事各種有計畫的暴力威脅或破壞行動，欲迫使某國家的政府、社會及人民陷入緊急危難情境，並從中獲取有形及無形之利益」。

（二）恐怖事件的特性

根據研究恐怖主義專家威金森（Paul Wilkinson）之分析發現，一般研究政治暴力之學者大致上皆認為恐怖主義係政治暴力之特殊形式，是國家與次國家組織為達成其政治、社會性目的而所採用之武器或方法。因此，恐怖主義具有下列特性[16]：

1、恐怖主義係預謀性，且目的在製造極端恐懼或恐怖之氣氛；
2、恐怖主義之目標並非暴力行動下之受害者，而係針對其背後更為廣大之群眾；

---

[16] Paul Wilkinson, "Terrorist Targets and Tactics: New Risks to World Order," Conflict Studies, December 1990, p.1.

3、恐怖主義所擇取之對象係隨機與象徵性選定；

4、在正常社會之認知當中，恐怖主義所採取之暴力行動皆係遠超出正常以外，並違反社會常模，且會引發社會憤怒；

5、恐怖主義之目的在於公開闡揚其政治主張與訴求，並企圖以恐怖暴力方式，達到影響目標之政治行為的目的，迫使其讓步或接受要求。

恐怖組織及其成員多半係堅信某種政治理念，或對某些特定國家、族群及宗教懷有仇恨，進而結合起來從事秘密恐怖破壞，恐怖組織行動及其衝擊經常可以超越國家的界限。再者，發動恐怖事件必須耗費相當的經費、人力及武器裝備，因此，國際恐怖組織多半有其幕後支援的特定國家。雖然國家也能採取恐怖行動傷害其它國家，但確極少被採行，因為容易引起兩國間的戰爭，所以國家通常採取間接的方式，例如提供經濟和軍事援助、或提供避難所給恐怖主義團體，有時國家把恐怖主義充當外交政策的工具，贊助或支持恐怖主義活動在敵對國家製造恐懼和混亂[17]。

恐怖分子使用暴力的目的是要吸引注意力、製造社會恐慌及打擊政府威信，他們並不尊重傳統戰爭的法則，經常使用非傳統性暴力手段。美國助理國防部長 William Cohen 在 1998 年 4 月一場演說中表示：「『我們美軍的軍事優勢』現今成為自相矛盾的一句話……因為我們潛在的敵人知道他們無法在傳統上挑戰美國的軍力，因此他們更樂於嘗試非傳統或不對稱的方法」[18]。911 事件即是一例，恐怖份子利用挾持兩架航空公司客機，自殺式撞擊美國世貿雙子星摩天大樓，以最小成本造成經濟及人命的重大損失，此一紀錄應是空前，但無人能保證爾後絕對不會再發生。

---

[17] 同註 10，頁 38。

[18] William Cohen, Speech National Press Club, March 17, 1998.

　　從過去國際恐怖攻擊事件的經驗發現，國際恐怖組織為掩護組織人員安全脫離現場或繼續發動下一波行動，採取製造如鐵路車禍、民航空難、油氣輸儲設備爆炸、流行性傳染疾病等大規模災難，經常是他們慣用的破壞手段。恐怖組織也可能採取一般刑事犯罪手段，執行綁架人質、殺害政府官員或外國觀光客特定人士，或者直接殺害本國無辜民眾等，影響一國社會治安或造成重大人員傷亡，遂行其政治目標。當恐怖事件發生之後，除非造成災損有著明顯的破壞跡象，或者恐怖組織主動向外宣布事件原因，外界有時難免誤認為一般人為災難或刑事案件，恐怖組織及其成員便可以逍遙法外。因此，國際間通常在處理大型災難或刑案時，都會將恐怖行動列為追查案發原因之一。

　　綜上所述，恐怖主義大致可歸納出幾項特色[19]，包括：（1）恐怖主義大部分由非國家成員所發動；（2）通常涉及使用或威脅使用非傳統性暴力；（3）恐怖團體具有政治目標；（4）恐怖主義的受害者具有偶發或附帶性質。

（三）恐怖事件的類型

　　英國詹氏情報評論（Jane's Intelligence Review）曾指出的亞太地區衝突光譜中，存有的十大重大潛在與實際安全威脅中[20]，與恐怖活動有關的即包含(1)恐怖主義（跨國蔓延）；（2)使用生化放射性武器（奧姆真理教、塔米爾之虎）；（3)小型輕武器擴散（組織犯罪和恐怖主義團體走私）；（4)毒品走私（組織犯罪和恐怖主義團體

[19] Frederic S. Pearson and J. Martin Rochester, International Relations: The Global condition in the Late Twentieth Century, 2nd edition (New York: Random House, 1988), pp.393-394.
[20] Rohan Gunaratna, "Terrorist threats target Asia, "Jane's Intelligence Review, July 2000, pp.39-41.

主導或相結合);(5)組織犯罪(恐怖主義組織與犯罪團體相結合)等五大項。

觀察國際間歷年來恐怖組織從事過的行動,諸如:綁架人質、進行爆破或包裹炸彈、縱火、暗殺或伏擊特定人士、劫持民航機、走私槍械、散放生化毒物、在公眾場合設射殺群眾、恐嚇威脅或製造各種人為災難等,均屬國際間恐怖組織慣用的行動方式[21]。國際恐怖組織所發動的恐怖攻擊事件在案發真象尚未充分釐清之前,欲明確區分重大災難、重大刑事案件或恐怖事件之間的差異,並非易事。由於恐怖活動釐清不易,常有特定組織透過媒體假稱某特定重大意外災害為其所為,以達到恐嚇人心的效果。恐怖主義起始甚早,部分國家在爭取獨立建國過程中,亦曾採用這種武裝暴力方式,例如:以色列、巴勒斯坦、阿爾及利亞等二次大戰後新興國家。

近年來由於核生化大規模毀滅性武器擴散、網路通訊科技進步、激進狂熱宗教興盛、國家幕後支持、恐怖主義國際化或跨境活動、恐怖主義與跨國犯罪組織掛勾等因素,恐怖主義所造成的威脅來源與性質、損害程度與範圍及影響強度層面,更較過去的恐怖主義類型來得迥異與強烈。是以,國際間已不再將恐怖主義威脅視為單一國家的安全事務,國際社會已認知到必須是共同關切處理的安全議題[22]。

---

[21] 張中勇(2002)於「國際恐怖主義的演變與發展」一文中,將恐怖主義區分為政治意識、宗教狂熱、分離運動、種族排外及偏激議題等五種類型。

[22] 張中勇(2002),「2010年社會發展策略實施計畫國家安全課題」,2010年社會發展策略實施計畫期中報告橫向交流研討會會議資料(各組期中報告),行政院研究發展考核委員會,91年6月24日。

（四）打擊恐怖事件的困難

雖然過去有關國家對於打擊恐怖主義持續不怠，然而卻無法根絕恐怖活動，可歸因於以下幾點因素[23]：

1、主觀價值信仰難以撼動

恐怖主義團體在民族主義、意識形態或宗教基本教義等價值信仰的支撐下，高度狂熱情緒化，不達目的絕不停止，縱然犧牲流血依然前仆後繼，不會因為政府或國家之打擊就停止活動。且昔日採取恐怖主義者，部分已經貴為他們國家之總統或總理，現今的主權國家在追求獨立的過程中，也難以避免的採取恐怖行動及手段，但昔日的暴行今日卻被合理化。這種成者為王，以結果合理化手段的現象，使恐怖份子受到鼓舞，認為無須在乎眼前的批評，因為歷史自會為他們討回公道，因此，在民族主義、意識形態或宗教基本教義價值觀下之恐怖主義不易根絕其支持來源。

2、各國對恐怖主義存有認知差距

欲有效打擊恐怖主義必須各國通力合作，但是實際上各國立場不一，難以團結一致。未遭到恐怖活動直接攻擊的國家，害怕參與對抗恐怖主義將導致自己國家也成為被報復的對象。另外，各國對恐怖活動看法並不全然一致，被美國或西方國家視為恐怖活動者，在第三世界國家看來可能成為推翻暴政、反抗帝國主義剝削的義舉。既然彼此對恐怖活動的評斷上見仁見智，即使合作，各國所欲獲得利益不同而無法坦誠合作，反恐力量自然被削弱。

---

[23] 參考林文程，「恐怖主義的特質與反恐怖主義的困境」，立法院院聞，第29卷第10期，頁43-45。

3、現代民主與社會發展使反恐更形困難

防範恐怖主義暴行，可能須採取專制之手段進行跟監、搜索與加強巡視公眾場所或活動，但是這種手段在民主社會容易引起社會大眾的不滿及破壞人權的疑慮，而難以長期持續地實施。恐怖團體訴諸暴力的目的，在於引起世人的注意，及製造社會不安、打擊政府或國家之威信。現代傳播及通信科技之發達，恐怖團體之暴力活動可藉媒體迅速傳達到世界各個角落；工業革命後飛機的發明、水壩的建造、大型購物中心的出現、高聳的摩天大樓、便利的地鐵車站等等公共設施、場所，乃是現代化社會之象徵，卻也成為恐怖份子攻擊的目標，而這些公眾場所安全之維護常是防不勝防。

4、決策者的兩難困境

面對恐怖主義之挑戰，或恐怖團體挾持人質時，國家常陷入兩難。對恐怖團體妥協，則擔心被視為示弱，可能助長恐怖團體之氣勢，因此美國反恐怖主義政策即揭示「不向恐怖份子讓步和交易」；但是若採取手段及態度過於強硬，又擔心人質安全或將引發進一步的恐怖行動，二種結果均非決策當局所樂見。這種兩難困境常使決策者猶豫不決，錯失打擊恐怖主義的良機。

打擊恐怖份子日益困難，除了上述的原因外，還包括恐怖份子使用製造爆炸案材料可輕易取得，如氮氨肥料、柴油等成分，科技水準無需很高，但殺傷力卻不亞於高爆炸藥效果；恐怖主義團體之成員有時並非訓練有素的專業恐怖老手，缺乏有關嫌犯與作業模式之線索，都增加了防制與偵查相關案件的困難[24]。

---

[24] Hoffman, "Responding to Terrorism Across the Technological Spectrum," pp.374-375.

參、我國可能面臨的恐怖主義危機

在前文中，本研究蒐集並探討國內、外學者對於危機以及恐怖主義的相關文獻資料，接下來將就台灣當下環境與可能發生的恐怖主義事件作一剖析。

一、潛在的背景條件

為瞭解台灣可能遭受的恐怖主義攻擊事件，除了參考國外相關經驗外，仍需對本土所處環境有所認知。

（一）外在的威脅

2002 年 10 月在墨西哥召開的第十屆亞太經濟合作會議（APEC）將反恐列為主要議題，並將亞太地區的經濟成長維繫在「區域安全」的前提下，但誠如本研究在恐怖事件的類型中提到，亞太地區衝突光譜中，存有的十大重大潛在與實際安全威脅，與恐怖活動有關者即包含恐怖主義（跨國蔓延）、使用生化放射性武器（奧姆真理教、塔米爾之虎）、小型輕武器擴散（組織犯罪和恐怖主義團體走私）、毒品走私（組織犯罪和恐怖主義團體主導或相結合）、組織犯罪（恐怖主義組織與犯罪團體相結合）等項。

我國過去雖未曾遭到國際恐怖主義組織的攻擊，但是台灣地處西太平洋國際運輸及經貿的樞紐，無論是國際恐怖組織直接對台灣執行恐怖攻擊，抑或借助台灣樞紐位置做為攻擊的基地或跳板，對特定週邊國家發起恐怖攻擊，均將對我國或被攻擊國家、人民形成重大傷亡。我國這種良好的地理條件雖提供發展國際經貿運輸的極佳優勢，但也提供國際恐怖主義組織執行攻擊的極大誘因。誠如　總

統在 911 周年前夕明白宣示，台灣位於亞太地區的重要門戶，不論在人員、資訊、金融、科技等網路，都有不可忽略的戰略地位。

（二）內部的隱憂

　　近年來，兩岸經貿互動日趨頻繁，但中國大陸仍對我國抱持著武力威脅的態度，各種非傳統性安全威脅問題也逐漸浮現，尤其是台海海域犯罪情勢，實與兩岸互動關係的持續與轉變密切相關。依據警政署年度工作報告及學者研究結果指出，不肖份子追求暴利、島內市場需求、大陸人民偷渡來台打工、鄰近國家海防漏洞、近海漁源枯竭少數漁民轉以走私槍毒為業等因素，亦促使著走私和偷渡問題日趨嚴重。這些警訊所顯示目前走私、偷渡及滲透氾濫的現象，亦可能給予國際恐怖主義組織加以利用的有利條件。

　　我國隨著國際化及多元化的發展，社會中存在許多社會邊緣人、失業者、弱勢族群，或者思想極為偏差的激進份子，這些人士早已對政府及相關作為存有不滿，若被國際恐怖主義組織吸收利用，亦可能在我國境內或對相關友好國家的公共設施或人民，進行攻擊破壞。

二、我國可能發生的恐怖主義事件

　　國際恐怖主義組織進行的攻擊不外乎：綁架人質、進行爆破、縱火、暗殺特定人士、劫持民航機、走私槍械、散放生化毒物或製造各種人為災難等行動。此外，基於現實與理性考量，恐怖主義所選擇攻擊的對象包括政府與商業機構、官員、平民，甚至警察，但卻極少攻擊軍方。參照他國案例，我國可能發生的恐怖攻擊態樣如次：

表一　警政署執行近海巡護任務績效統計

		84 年	85 年	86 年	87 年	88 年
總件	件	321	339	302	292	376
	人	2,889	4,185	5,031	3,458	28,064
偷渡	件	22	26	12	15	51
	人	206	277	155	219	400
走私	件	212	185	144	121	176
	人	644	533	419	357	565
	萬元	79,199	99,189	64,669	70,095	85,405
驅離電、毒、炸魚	船次	…	…	…	…	3,519
	件	33	7	26	25	23
	人	1,945	3,171	4,261	2,710	26,922
械彈	件	12	17	25	42	14
	人	30	30	31	46	22
毒品	件	42	104	95	89	112
	人	64	174	165	126	155

資料來源：警政署統計室，民國 89 年警政工作概況，頁 196；轉載自張中勇，「2010 年社會發展策略實施計畫國家安全課題」，2010 年社會發展策略實施計畫期中報告橫向交流研討會會議資料（各組期中報告），行政院研究發展考核委員會，91 年 6 月 24 日。

（一）挾持人質

1997 年陳進興挾持南非武官案及 2001 年台北市遊覽車挾持事件，二者本質上雖不是恐怖活動，但前者涉及外國官員暨家屬，後者則是公眾交通工具及人員挾持事件，均造成社會相當大的震撼。透過新聞媒體轉播，犯案者達到宣傳效果，而民眾愛看熱鬧、毫無警覺，也造成遊覽車挾持事件警方的封鎖線擋不住之情況。

（二）暗殺行動

環顧許多國家遭到恐怖攻擊經驗，暗殺政府首長或特定情治、警察或司法檢調機關官員亦是常見的例子。而恐怖主義團體雖選定暗殺的對象為特定人士，但執行行動的地點應不侷限在國內，換言之，我國駐外機構官員或國內官員出訪國外期間均有可能遭到攻擊。

（三）炸彈攻擊

炸彈攻擊也是國際恐怖主義團體常用的手段，特別是現代化學科技的進步，恐怖主義團體在執行炸彈攻擊時，除了使用塑膠炸藥外，諸如：模型飛機遙控器、麵粉、清潔劑、汽油、化學製品、電池、燈炮、鬧鐘、鐵釘等日常生活必需品，均可以被製作為強力的炸彈，而且簡單輕巧與攜帶方便，又容易製造與安放。事實上，愈專業化的恐怖組織，其所利用的工具材料往往愈一般化，不但能降低風險又能增加成功機率。這類炸彈攻擊可以針對特定機構或人士攻擊，也可以針對不特定的無辜民眾發起攻擊。

（四）破壞資訊網路設施

電子科技革命使世界進步，然對社會秩序更具易毀性，恐怖組織從網路系統很容易取得有關國家之資訊、製造生化或核武等巨大規模毀滅性武器之知識，也可以從事電子戰來擾亂國家或國際金融秩序，這些新領域之發展，提供恐怖份子新的手段來實現他們的目標。特別是，恐怖組織為掩護其成員發動破壞攻擊，同時對軍方情治機關的網路或資訊系統發起電子破壞，不僅確保恐怖行動成功，更可擴大破壞的程度。我國以往並未出現嚴重的電子破壞事件，但零星的駭客侵入事件卻時有所聞。

（五）油、電及給水公共設施

現代國家的經濟工業生產及民眾日常生活均須仰賴大型的油氣輸儲、電力輸配及公共給水等公共設施，從人類過去的歷史發現，一旦發生戰爭時，這些公共設施往往成為被敵對國攻擊的對象；同樣地，若國際恐怖主義組織欲發起攻擊時，這些公共設施也是容易成為被攻擊破壞的對象。一旦被攻擊，不僅重創一國經濟生產及打亂民眾日常生活，而油氣輸儲及電力輸配設施所發生的爆炸，更形同一顆威力超強的炸彈，將造成難以估計的破壞及殺傷力。

（六）大眾運輸系統

美國「911 事件」顯示出現代化社會脆弱的一面，以往單純挾持航空器要脅政府的恐怖事件，卻已轉變為直接以民用航空器攻擊摩天大樓、水壩或地下鐵，造成人員及財產重大傷害。又如日本在1995 年發生的奧姆真理教於東京地鐵施放沙林毒氣，即造成十二人死亡及約四千人受傷。

（七）其它相關活動

國際恐怖組織除了上述行動外，尚包括槍毒走私、縱火、洗錢等行動，當然，國際恐怖主義組織也可能在我國境內進行恐怖行動策劃、訓練，或者運用我國良好的國際運輸環境將軍火、毒品或爆炸物品過境轉運到特定國家，遂行其恐怖破壞任務。

肆、我國危機處理相關法制規範

現行我國危機處理法制歸納起來略可區分為重大國家安全事件、實際戰爭狀態、重大災難事件、緊急危難或財政經濟重大變故、

平時的安全及治安事件等五大類型。依照我國法制，總統、行政院長、國家安全會議、國家安全局、國防部、內政部、法務部、海巡署及其他相關機關等，在預防及處理上述等類危機時，都有明確法定職掌及作業規定，以資遵循，謹簡述如下[25]：

一、重大影響國家安全事件

（一）憲法

1、憲法第 137 條：中華民國之國防，以保衛國家安全，維護世界和平為目的。國防之組織，以法律定之。
2、憲法增修條文第 2 條第 4 項：總統為決定國家安全有關大政方針，得設國家安全會議及所屬安全局。

（二）機關組織法

1、國家安全會議組織法第 2 條：國家安全會議，為總統決定國家安全有關之大政方針之諮詢機關；同法第 3 條：國家安全會議出席人員如左：（1）副總統、總統府秘書長；（2）行政院院長、副院長、內政部部長、外交部部長、國防部部長、財政部部長、經濟部部長、行政院大陸委員會主任委員、參謀總長；（3）國家安全會議秘書長、國家安全局局長。總統得指定有關人員列席國家安全會議。
2、國安局組織法第 2 條：國家安全局隸屬於國家安全會議，綜理國家安全情報工作及特種勤務之策劃與執行；並對國防部軍情局、電訊發展室、海岸巡防司令部、憲兵司令部、內政部警政署、法務部調查局等機關所主管之有關國家安全情報

事項，負統合指導、協調、支援之責；第 17 條：國家安全局
為統合協調國家安全情報工作，得召開國家安全情報協調會
報，由國家安全局局長擔任主席，各有關情報治安機關首長
出席，必要時得邀請其他有關機關人員列席。

（三）法律

國家安全法第 1 條：為確保國家安全，維護社會安定，特制定
本法。本法未規定者，適用其他有關法律之規定；第 3 條：人民入
出境，應向內政部警政署入出境管理局申請許可。但有事實足認為
有妨害國家安全或社會安定之重大嫌疑者得不予許可。第 5 條之 1：
意圖危害國家安全或社會安定，違反第 2 條之 1 規定者，處 5 年以
下有期徒刑或拘役，得併科新臺幣一百萬元以下罰金。

二、實際發生戰爭狀態

（一）憲法

憲法第 36 條：總統統率全國陸海空軍。第 38 條：總統依本憲
法之規定，行使締結條約及宣戰、媾和之權。

（二）機關組織法

1、國防部組織法第 1 條：國防部主管全國國防事務。第 10 條：
　國防部設陸軍總司令部、海軍總司令部、空軍總司令部、聯
　合後勤司令部、後備司令部、憲兵司令部及其他軍事機關。
　國防部得將前項軍事機關所屬與軍隊指揮有關之機關、作戰
　部隊，編配參謀本部執行軍隊指揮。

2、國防部參謀本部組織條例第 2 條：國防部參謀本部為部長之
　軍令幕僚及三軍聯合作戰指揮機構，掌理提出建軍備戰需

　　求、建議國防軍事資源分配、督導戰備整備、部隊訓練、律
　　定作戰序列、策定並執行作戰計畫及其他有關軍隊指揮事項。
3、行政院海岸巡防署組織法第 24 條：本署及所屬機關，於戰
　　爭或事變發生時，依行政院命令納入國防軍事作戰體系。

（三）法律

1、國防法第 7 條：中華民國之國防體制，其架構如下：（1）總統
　　（2）國家安全會議（3）行政院（4）國防部。第 4 條第 2 項：作
　　戰時期國防部得因軍事需要，陳請行政院許可，將其他依法
　　成立之武裝團隊，納入作戰序列運用之；第 8 條：總統統率
　　全國陸海空軍，為三軍統帥，行使統帥權指揮軍隊，直接責
　　成國防部部長，由部長命令參謀總長指揮執行之，以及第 9
　　條：總統為決定國家安全有關之國防大政方針，或為因應國
　　防重大緊急情勢，得召開國家安全會議。
2、民防法第 22 條：為防護空襲及支援軍事勤務需要，國防部於
　　戰爭發生或將發生時，得協調中央主管機關會同有關機關，
　　就下列事項發布命令並執行之：（1）人民及物資之管制疏散；
　　（2）禁止或限制民用航空器、船舶之航行；（3）實施避難及交
　　通、燈火、音響之管制；（4）協助國軍實施防空作戰之監視、
　　通報；（5）協助防空事項調查之提出資料或實施檢查。
3、全民防衛動員準備法第 23 條：為因應戰爭、災害需求，直轄
　　市及縣（市）政府衛生主管機關應結合施政，輔導公、民營
　　醫院完成重要外傷用藥品醫材儲備。對於前項重要外傷用藥
　　品醫材儲備，各公、民營醫院應配合辦理。有關藥品醫材
　　儲備之品項、數量、更新及動員管制之辦法，由行政院衛
　　生署會同國防部定之。

4、緊急醫療救護法第 6 條：各級衛生主管機關對化學、輻射、天然災害及戰爭等之預防應變措施，應配合規劃辦理緊急醫療救護有關事項。

三、重大災難事件

（一）機關組織法

1、行政院災害防救委員會設置要點第 2 條：行政院災害防救委員會之任務如下：(1)關於災害防救基本方針及災害防救基本計畫之擬訂事項；(2)關於協助各部會應變、復原作業之標準作業流程之擬訂事項；(3)關於促進災害防救相關法規之制定事項；(4)關於協調、整合災害防救業務事項……。

2、內政部消防署組織條例第 3 條規定掌理事項包括：(1)關於消防及災害防救制度之釐定；(2)關於消防及災害防救政策、勤務之規劃、推動、督導及考核；(3)關於消防及災害防救法規之擬定、修正、整理、編纂及宣導事項；(4)關於災害防救體系、全國緊急災害之應變措施、督導及協調事項。

（二）法律

1、災害防救法第 3 條：各種災害之防救，以下列機關為中央災害防救業務主管機關，負責指揮、督導、協調各級災害防救相關行政機關及公共事業執行各項災害防救工作：(1)風災、震災、重大火災、爆炸災害：內政部；(2)水災、旱災、公用氣體與油料管線、輸電線路災害：經濟部；(3)寒害、土石流災害：行政院農業委員會；(4)空難、海難及陸上交通事故：交通部；(5)毒性化學物質災害：行政院環境保護署；(6)其

他災害：依法律規定或由中央災害防救會報指定之中央災害
防救業務主管機關。

2、災害防救法第 7 條第 1 項：中央災害防救會報置召集人、副
召集人各一人，分別由行政院院長、副院長兼任。委員若干
人，由行政院院長就政務委員、有關機關首長及具有災害防
救學識經驗之專家、學者派兼或聘兼之。第 7 條第 2 項：為
執行中央災害防救會報核定之災害防救政策，推動重大災害
防救任務與措施，行政院設災害防救委員會，置主任委員一
人，由副院長兼任，並配置專職人員，分組處理有關業務；
其組織由行政院定之。

3、消防法第 25 條：直轄市、縣（市）消防機關，遇有天然災害、
空難、礦災、森林火災、車禍及其他重大災害發生時，應即
配合搶救與緊急救護。

4、民防法第 2 條規定民防工作範圍即包括協助搶救重大災害。

5、海岸巡防法第 4 條規定海岸巡防機關應執行海上救難、海洋
災害救護及海上糾紛之處理事項。

6、全民防衛動員準備法第 3 條規定動員任務包括：動員準備階
段結合施政作為，完成人力、物力、財力、科技、軍事等戰
力綜合準備，以積儲戰時總體戰力，並配合災害防救法規定
支援災害防救。

7、電信法第 25 條：電信事業對下列通信應予優先處理：(1)於
發生天災、事變或其他緊急情況或有發生之虞時，為預防災
害、進行救助或維持秩序之通信；(2)對於陸、海、空各種交
通工具之遇險求救及飛航氣象等交通安全之緊急通信；(3)
為維護國家安全及公共利益，有緊急進行必要之其他通信。

8、緊急醫療救護法第 6 條：各級衛生主管機關對化學、輻射、
天然災害及戰爭等之預防應變措施，應配合規劃辦理緊急醫
療救護有關事項」。第 32 條：直轄市或縣（市）政府遇大量

傷病患，應依災害規模及種類，建立現場指揮協調系統，施行救護有關工作。前項大量傷病患處理涉及軍事機密時，應由軍事機關處理之。

9、游離輻射防護法第 12 條：輻射工作場所發生重大輻射意外事故且情況急迫時，為防止災害發生或繼續擴大，以維護公眾健康及安全，設施經營者得依原子能委員會之規定採行緊急曝露。

四、緊急危難或財政經濟重大變故

（一）憲法

憲法增修條文第 2 條第 3 項：總統為避免國家或人民遭遇緊急危難或應付財政經濟之重大事故，得經行政院會議決議發布緊急命令，為必要之處置，不受憲法第 43 條之限制。

（二）機關組織法

1、財政部組織法第 1 條規定；財政部主管全國財政。

2、經濟部組織法第 1 傑規定：經濟部主管全國經濟行政及經濟建設事務。

3、中央銀行法第 2 條：中央銀行的功能包括促進金融穩定、健全銀行業務、維護對內及對外幣值之穩定及於上述目標範圍內協助經濟之發展。

4、行政院原子能委員會組織條例第 6 條規定其負責有關核子事故緊急輻射偵測之評估督導事項。

（三）法律

1、國防法第 24 條：總統為因應國防需要，得依憲法發布緊急命令，規定動員事項，實施全國動員或局部動員。

2、全民防衛動員準備法第 2 條動員區分階段之如下：(1)動員準備階段：指平時實施動員準備時期；(2)動員實施階段：指戰事發生或將發生或緊急危難時，總統依憲法發布緊急命令，實施全國動員或局部動員時期。

3、公庫法第 13 條規定政府之一切經費，應依據預算，由收入總存款撥入普通經費存款或特種基金存款後始得支出。但得依法以緊急命令由收入總存款撥入普通經費存款支出之，仍應於支出後補行追加預算程序。

五、一般影響國家安全及治安事件

（一）機關組織法

1、內政部警政署組織條例第 3 條規定警政署除掌理警察法第 5 條所列全國性警察業務外，並辦理國內治安事件之預防、督導與協助偵查犯罪、涉外案件處理及促進國際警察合作、協助查緝走私、漏稅、偽鈔、仿冒等經濟犯罪及財經動態調查、社會保防及社會治安調查之協調、規劃、督導事項，重大、突發、緊急案件處理及勤務之指揮、管制、督導、支援及與有關機關之聯繫、協調事項。

2、調查局組織條例第 2 條規定調查局掌理有關危害國家安全與違反國家利益之調查、保防事項，以及(1)內亂防制事項；(2)外患防制事項；(3)洩漏國家機密防制事項；(4)貪瀆防制及賄選查察事項；(5)毒品防制事項；(6)組織犯罪防制之協同辦理事項；(7)重大經濟犯罪及洗錢防制事項；(8)國內安全

調查事項；(9)上級機關特交有關國家安全及國家利益之調查、保防事項。

3、法務部調查局組織條例第 2 條：法務部調查局掌理有關危害國家安全與違反國家利益之調查、保防事項。

4、內政部警政署保安警察總隊組織通則第 2 條：保安警察總隊分別掌理左列事項：(1)拱衛中央憲政機關，準備應變及協助地方治安事項；(2)國營與國、省(市)合營及特定事業機構之安全維護事項；(3)海關安全維護、配合查緝巡邏及安全檢查事項；(4)保安警察警力派遣、勤務規劃、訓練、督導及與業務有關之刑事、外事事項；(5)其他有關保安、警備、警戒、警衛及秩序維護等事項。

5、內政部警政署 81 年 10 月 30 日 81 警署人字第 55556 號函核定於保安警察第一總隊下成立「維安特勤隊」。

(二) 法律

1、海岸巡防法第 1 條：為維護臺灣地區海域及海岸秩序，與資源之保護利用，確保國家安全，保障人民權益，特制定本法。本法未規定者，適用有關法律之規定。第 4 條規定巡防機關掌理走私情報之蒐集，滲透及安全情報之調查處理事項。其中有關海域及海岸巡防、國家安全、情報部分，應受國家安全局之指導、協調及支援。

2、警察法第 5 條：內政部設警政署（司），執行全國警察行政事務，並掌理左列全國性警察業務：(1)關於拱衛中樞，準備應變，及協助地方治安之保安警察業務；(2)關於保護外僑及處理涉外案件之外事警察業務；(3)關於管理出入國境及警備邊疆之國境警察業務；(4)關於預防犯罪及協助偵查內亂外患重大犯罪之刑事警察業務；(5)關於防護連跨數省河湖及警衛領

　　　海之水上警察業務;(6)關於防護國營鐵路、航空、工礦、森林、漁、鹽等事業設施之各種專業警察業務。

3、民防法第2條:民防工作範圍包括(1)空襲之情報傳遞、警報發放、防空疏散避難及空襲災害防護;(2)協助搶救重大災害;(3)協助維持地方 治安 或擔任民間自衛;(4)支援軍事勤務;(5)民防人力編組、訓練、演習及服勤;(6)車輛、工程機械、船舶、航空器及其他有關民防事務之器材設備之編組、訓練、演習及服勤;(7)民防教育及宣導;(8)民防設施器材之整備;(9)其他有關民防整備事項。民防法第 3 條規定:本法所謂主管機關,在中央為內政部,在直轄市為直轄市政府,在縣（市）為縣（市）政府。民防工作與軍事勤務相關者,平時由中央主管機關會同國防部督導執行,戰時由國防部協調中央主管機關運用民防團隊,支援軍事勤務。

4、國家安全法第 5 條:為確保海防及軍事設施安全,並維護山地治安,得由國防部會同內政部指定海岸、山地或重要軍事設施地區,劃為管制區,並公告之。

5、其他如中華民國刑法、洗錢防制法、懲治走私條例、懲治盜匪條例、槍砲彈藥刀械管制條例、組織犯罪防制條例等。

伍、我國現行憲政體系下危機處理分工

　　我國國家安全層次問題向來由總統主導,而行政院院長由總統任命,必須配合總統決策予以執行,至於其他危機事項之處理亦有規則可循,謹就前述五大類危機發生前相關決策指揮、情資通報,以及發生後之因應處理運作等,說明總統與行政院之權責:

一、決策指揮權的歸屬

（一）重大國家安全事件

　　依據憲法及法律相關條文規定，總統負有國家安全之指揮權，現階段我國國家安全組織的架構，總統府轄下設有國家安全會議及其所屬國家安全局，國家安全會議由總統擔任主席，成員包括：副總統、總統府秘書長、行政院院長及相關部會首長等；實際業務推動，則由國家安全局綜理國家安全情報工作之策劃與執行，行政院所屬國防部、內政部警政署、法務部調查局等就有關國家安全情報事項，依法受國安局統合指導及協調，並定期出席該局召開之國家安全情報協調會報。

　　本項決策機制平時運作上，國防部軍情局、內政部警政署、法務部調查局等情治機關，除向上主管部會通報各項情報資訊外，亦須同時通報國家安全局。假若該事件僅為一般刑事案件，或無關危害國家安全時，仍由內政部警政體系或法務部檢調體系進行處理；若危害或將危害國家安全時，國家安全會議隨即主導危機事件的處理，各安全主管機關即納入國家安全體系，以發揮統一事權的作用。

（二）實際戰爭狀態發生時

　　國家發生戰爭狀態時，現行憲法已明文規定由總統本於國家元首及三軍統率權，責成國防部長指揮國防系統從事戰爭準備及實際戰爭行動，保障國家安全及民眾生命財產安全。就國際政治言，戰爭行動係指對敵國所從事的非常行動，除非確認恐怖組織係屬於某國政府的外圍組織，否則不會採取戰爭手段來對付恐怖組織，以美國 911 事件為例，當美國政府確認阿富汗神學士政權為恐怖組織背後支持者時，始將該攻擊行動定位為戰爭行為，並進行反擊行動。

（三）重大災難事件

　　行政院為處理重大災難事件設有行政院災害防救委員會，遇有
災害發生之虞或發生時，統籌督導內政部、經濟部、交通部、環保
署等相關機關執行災害預防、救災及復原善後等工作。依據現行防
災體制，行政院、各相關部會及各級地方政府均設有專責的「防災
會報」機制，平時負責各種災害預防及演練，當災害發生或有發生
之虞時，各級防災會報機制隨即轉換為「災害處理應變中心」，實際
從事各種災害通報、搶救及善後復原工作。

（四）緊急危難或財政經濟重大變故

　　依據憲法增修條文第 2 條第 3 項規定：總統為避免國家或人民
遭遇緊急危難或應付財政經濟之重大事故，得經行政院會議決議發
布緊急命令，為必要之處置，不受憲法第 43 條之限制。關於國家發
生緊急危難或財政經濟重大變故時，或有危害國家安全之虞時，現
行憲法對總統的職權行使亦有明文規定，總統可本於職責下達緊急
命令，指揮行政院及其相關部會執行必要的措施。

（五）平時安全及治安事件

　　依據中央政府相關職權的劃分，在行政院職權層次方面，係由
內政部（含警政署及各級警察機關）及法務部（含調查局及各級檢
察機關）負責各類治安事件的偵防、通報及處理等工作，各級警察
及檢調機關均有完整處理運作機制。行政院為強化治安及打擊犯罪
起見，已成立「強化社會治安專案會議」，由院長擔任召集人，結合
各相關部會及情治首長，督促各相關機關落實治安工作。

　　綜上所述，我國現制對國家安全及危機事件處理均有明文規
定，各項運作流程亦甚周詳。總統係掌理國家安全層次的相關事項，
透過國家安全會議及其所屬國家安全局綜理國家安全相關事項；至

於其他類危機事件，諸如治安維護、犯罪偵防、災害防救等事項，則屬於行政院方面的職掌業務事項。簡言之，我國現行危機處理機制係採總統的國安體系與行政院體系「雙軌制」的事權劃分架構，權責劃分尚屬明確，運作上亦甚順暢。

二、危機情資通報處理

參照各國處理危機經驗作法，處理各類危機或恐怖事件時，若期在最短時間內下達正確決策指示，指揮相關國安、情報或警察體系執行任務，都必須仰賴各種充分、及時而正確的情報，可見事前情資蒐集及通報處理最為迫切重要。簡言之，惟有預先掌握各種正確有利的情報資訊，始能避免危機事件發生，或者在不幸發生危機事件後，及時下達正確決策，降低危害及人員傷亡程度。

（一）總統情資通報方面

當我國即將面臨或已遭遇國家安全或戰爭狀態之危機時，總統係透過國安體系的運作或運用統帥權責成國防單位指揮國防系統，充分迅速掌握各種情報資訊。當國家遭逢緊急危難或財政經濟重大變故時，總統則可經由行政院會議決議發布緊急命令，並指揮行政院及其相關部會執行必要的措施，相關情資也可透過國家安全體系獲得。

按國家安全會議平日情報資訊大部分來自國安局，國安局除自行蒐集情報資訊外，亦多半藉由國防部、內政部警政署、法務部調查局及海巡署等機關提供各類情資，再進行綜合研判分析後提送國安會，可見，總統可以藉由國安會獲得最完整的情資研判，情資通報機制明確有效，通報速度也直接迅速。

以去年美國 911 事件，總統府立即成立「911 專案小組」，由國安會秘書長擔任召集人，下設各項「911 專案工作會議」及「911 專

案資料中心」，並由國安會負責協調各相關機關蒐集彙報情報，提出建議方案，作為 總統決策參考並據以下達指令。

（二）行政院情資通報方面

我國現制在行政院轄下已建立「治安」及「災害防救」二大體系，關於一般安全及治安事項部分，分由法務部、內政部、國防部、海巡署等主管部會負責辦理；至於災害防救事項方面，則由內政部、經濟部、交通部、環保署、農委會及其他相關部會負責處理。由於上述二大體系均直接受行政院督導的緣故，行政院長在這方面情資通報管道亦相當通暢，並已有明確的通報機制。

從國內過去處理發生大型災難或重大刑案經驗，可見各級災害防救、警察或檢調機關人員均隨時配合啟動，即時採行災害搶救或犯罪偵辦工作，各機關情資亦能循行政體制向上通報，行政院或主管部會在各類情資掌握上尚屬充分迅速。

在國家安全情報資訊方面，按國家安全局現行運作機制，國安局除自行蒐集情報資訊外，國安局每天亦藉由國防部、內政部警政署、法務部調查局、海巡署及其他相關部會機關所提供的各類情資，進行綜合性研判分析後提送國安會，並視情資內容研判後分送行政院及相關部會，對照起來，國安局的情資來源較行政院更具廣度及深度。另按現行體制，內政部警政署、法務部調查局及國防部軍情局等單位間，係依規定將各類情資向上通報國安局，但彼此間卻無整合性的通報機制，有強化的必要。

（三）國際情資通報方面

美國雖為世界唯一超強國家，但其處理 911 事件時，除請求相關國家提供各種情報資訊外，而從事後續打擊作為時，更須尋求各週邊國家提供必要的人力、物力或基地等協助，才能徹底剷除窩藏在阿富汗的恐怖組織。由此可見，單一國家很難獨力勝任恐怖組織

情資的通報工作，必須仰賴國際間的支援與整合，始能充分掌握各種恐怖組織人員動態。

我國向來與國際警察組織或週邊友好國家均有良好合作關係，對打擊國際犯罪組織及引渡我國罪犯回國受審等，已建立良好互動及合作模式。未來，執行打擊國際恐怖主義組織工作上，我國若期預先掌握各種可疑組織及人員的動態，必須借助國際組織及友好國家（如美國）的情報交換與合作。有鑑於此，我國在執行反恐怖主義跨國合作工作上，外交部亦應承擔相當程度的聯繫工作，協助警政、檢調或國安等機關，充分掌握各類情資及執行任務。

三、危機事件後續處理機制

（一）初期處理機制的啓動

按我國現行處理大規模災難或重大刑案機制，當發生大型災難或重大刑案之際，第一時間抵達災難或刑案現場的是救災或警察人員，救災及警察人員除執行現場的災害搶救或犯罪偵察工作，亦應從中研判有無人為破壞跡象，必要時應迅速向上通報。當國安局、警政署或消防署等機關接獲通報後，應及時指派專業人員抵達現場鑑定或採取證物，以釐清是否確屬恐怖組織所為。

綜觀我國現行初期危機事件的處理，係按現行災害防救及檢警治安的層級劃分進行，隨著後續案發原因判斷的轉變，處理機制的層級亦隨之調整，此刻，主要係由各主管部會承擔處理因應的任務，但處理過程所獲相關情資仍應持續向上通報，俾總統及行政院隨時掌握重要情資。基本上，當發生上述範圍之一般國安、治安與防災事項時，係由行政院行使指揮權，直接指導相關部會執行相關工作。

（二）國家安全機制的啟動

　　當重大災難或刑事案件被確認為恐怖事件，或者警政、檢調及國安體系研判極可能發生恐怖事件時，應即時向上通報，俾總統府與行政院方面隨後啟動相關國家安全處理應變機制，儘速緝獲恐怖組織人員，並及時遏止恐怖組織再次發動攻擊。

　　假若危機發生後恐危及國家安全，或即將引發戰爭或緊急危難時，應由總統下達決策，行政院、相關機關及部會直接受國安體系指揮與管轄，而行政院部份則接受　總統之決策指導，指揮所轄治安與災害防救體系執行相關任務。

　　按現行危機決策機制，總統轄下的國家安全會議及國安局可提供專業的幕僚功能，協助　總統下達決策指示，反觀行政院方面，當院長接奉　總統指示或本於職責執行必要決策時，似有參照總統府國安體系，以任務編組方式強化諮詢幕僚機制，俾助　院長在極短時間內下達決策指令。

表二　我國危機及反恐機制現況

類別	指揮權	幕僚機關	依據法規	處理機制
重大國家安全事件	總統	·國安會 ·國安局	·憲法及憲法增修條文 ·國家安全會議組織法 ·國家安全局組織法 ·法務部調查局組織條例 ·海岸巡防法、電腦處理個人資料保護法、行政程序法等	總統府轄下設有國安會及其所屬國安局。國安會議由總統擔任主席並直接指揮；實際業務推動，則由國安局則綜理國家安全情報工作之策劃與執行，並對國防部、內政部警政署、法務部調查局等機關所主管之國家安全情報事項，負統合指導、協調、支援之責，具有統一事權機制。

戰爭狀態	總統	・國安會 ・國防部	1、憲法 ・行政院海岸巡防署組織法 ・國防法、民防法、全民防衛動員準備法、緊急醫療救護法等。	總統本於國家元首及三軍統率之職責，責成國防部長指揮國防系統從事戰爭準備及實際戰爭行動，保障國家安全及民眾生命財產安全。相關資訊由國安體系獲得。
緊急危難或財政經濟重大變故	總統	1、國安會 ・行政院	憲法增修條文 ・行政院原子能委員會組織條例 ・國防法、全民防衛動員準備法、公庫法	總統為避免國家或人民遭遇緊急危難或應付財政經濟之重大事故，得經行政院會議決議發布緊急命令，為必要之處置。總統可本於職責下達緊急命令，指揮行政院及其相關部會執行必要的措施。當國家社會面臨到這類緊急情境時，多半並非起於恐怖組織的恐怖破壞行動，因此，這類事件多半並不列入恐怖事件的範圍
一般國家安全及治安事件	行政院長	1、治安會報 2、內政部 3、法務部	・內政部警政署組織條例、調查局組織條例、內政部警政署保安警察總隊組織通則等 ・警察法、民防法、國家安全法、行政程序法、電信法、鐵路法、商港法、船員法等	行政院職權層次方面係由內政部（含警政署及各級警察機關）及法務部（含調查局及各級檢察機關）負責各類治安事件的偵防、通報及處理等工作，各級警察及檢調機關均有完整處理運作機制。另外，行政院為強化治安及打擊犯罪起見，行政院層級已成立「強化社會治安專案編組」，並由院長擔任召集人，結合各相關部會及情治首長，並組成任務編組，發揮督導各相關機關落實治安工作。

災難事件	行政院長	1、行政院災害防救委員會 2、各災害事件目的事業主管機關	・内政部消防署組織條例、行政院災害防救委員會設置要點 ・災害防救法、農會法、消防法、民防法、海岸巡防法、全民防衛動員準備法、電信法、緊急醫療救護法、游離輻射防護法等	行政院設有行政院災害防救委員會，遇有災害發生之虞或發生時，統籌督導内政部、經濟部、交通部、環保署等相關機關的災害預防、救災及復原善後等工作。依據現行防災體制，行政院、各相關部會及各級地方政府均設有專責的「防災會報」機制，平時負責各種災害預防及演練工作，當災害發生或有發生之虞時，各級防災會報機制隨即轉換為「災害處理應變中心」，實際從事各種災害通報、搶救及善後復原工作。
恐怖事件	總統	・國安會	・無明確之反恐怖機關或法律條文 ・内政部警政署 81年 10月 30日 81警署人字第 55556號函核定於保安警察第一總隊下成立「維安特勤隊」，任務包含反恐怖活動。	恐怖活動常涵蓋國安、治安體系與災害防救，但總統轄下的國家安全會議與國家安全局可直接指揮情資系統，迅速取得相關資訊。
	行政院長	・内政部		恐怖事件引發的治安及救災問題，屬治安方面，由法務部、内政部、國防部、海巡署等業管部會辦理，直接受到行政院指揮督導；屬災害防救方面，由交通部、内政部、衛生署、國防部以及其他部會單獨處理，直接受行政院督導。

資料來源：本研究整理。

陸、我國反恐怖危機處理機制運作檢討分析

我國現行法制雖沒有「反恐怖危機處理」等明文字眼，但現行處理法制實已包括恐怖主義事件之處理。前面已就我國憲政危機處理分工作一簡要說明，而本研究在危機與恐怖事件分析中亦曾就危機處理階段歸納為危機預測與規劃、危機整備、危機發生處理以及危機善後處理及檢討評估等四個階段。以下謹就前述危機階段之區分，說明我國反恐怖危機處理機制之運作。

一、危機預測與規劃

本階段包括危機資訊蒐集、危機處理組織規劃、危機處理計畫規劃、危機處理訓練以及危機意識宣導等。

（一）資訊蒐集

欲對國際恐怖主義活動有所防範，或對於災害原因研判能於第一時間掌握，相關的情資蒐集益顯重要。由於我國向來並非國際恐怖主義份子攻擊的目標，因此相關情資主要來自於國安局及行政院所屬法務部調查局、內政部警政署及國防部等單位與國外情資系統交換情報而得，以美國發生 911 事件後，我國與美國情報交換益趨頻繁，91 年 10 月印尼峇里島發生爆炸案，行政院長即表示在事前已接獲東南亞地區有國際恐怖主義活動的相關訊息，即是一例。

對恐怖份子及所屬組織建立完善檔案有助於掌握其行蹤，並拒絕他們登機、入境。但由於恐怖團體及成員相關資料的建立必須透過長期的累積與研判，也必須與其他國家有密切合作的情報交流工作，並非一蹴可及，我國若欲建立相關資訊蒐集體系或資料庫，則必須投入相當人力與物力。

（二）組織規劃

針對恐怖攻擊事件，行政院下並無統合辦理之專責機構，目前有關情資是由國家安全局自行蒐集情報資訊，配合國防部、內政部警政署、法務部調查局、海巡署及其他相關部會機關與友好國家所提供的各類情資，進行綜合性研判分析後提送國安會。但國內主要還是仰賴平時治安體系的運作，前已述及係由內政部警政署及各級警察機關與法務部調查局及各級檢察機關負責各類治安事件的偵防、通報及處理等工作，各級警察及檢調機關均有完整處理運作機制。

但誠如前述，當真正發生恐怖攻擊事件時，必然造成人員的重大傷亡與財產的損壞。對於這一部分的機制，目前組織規劃似由行政院轄下的災害防救體系負責。

2000年「災害防救法」通過施行，建構現行我國災害防救體系。所定義的災害包括重大火災、爆炸、公用氣體與油料管線、輸電線路災害、空難、海難與陸上交通事故、毒性化學物質災害等災害。

災害發生前的行政運作中，行政院設立中央災害防救會報，其任務主要有決定災害防救之基本方針、核定災害防救基本計畫及中央災害防救業務主管機關之災害防救業務計畫、核定重要災害防救政策與措施、核定全國緊急災害之應變措施以及督導、考核中央及直轄市、縣（市）災害防救相關事項。地方防災則由直轄市、縣（市）政府設直轄市、縣（市）災害防救會報，其任務包括核定各該直轄市、縣（市）地區災害防救計畫、核定重要災害防救措施及對策、核定轄區內災害之緊急應變措施以及督導、考核轄區內災害防救相關事項。

（三）訓練與宣導

在反恐怖訓練方面，目前內政部警政署轄下成立「維安特勤隊」，所訓練之人員即專責執行反恐怖、反劫機、反挾持與維護國家元首安全等任務，相關可配合機構則包括國防部憲兵特勤隊，但兩機構並無相互配合執行訓練及演練計畫。

此外，我國目前並無針對恐怖主義攻擊事件進行宣導之計畫，儘針對各種可能的災害配合例行演習進行宣導，因此國人對於恐怖主義攻擊事件及應變方式仍有待加強。對於我國國境保安重點，如機場、港口出入境管理與安全檢查工作也應適度強化，並配合施行安檢人員講習訓練以充實最新知識與技巧。

表三　災害防救主管機關

災害種類	中央主管機關
風災、震災、重大火災、爆炸災害	內政部
水災、旱災、公用氣體與油料管線、輸電線路災害	經濟部
寒害、土石流災害	行政院農業委員會
空難、海難及陸上交通事故	交通部
毒性化學物質災害	行政院環境保護署
其他災害	依法律規定或由中央災害防救會報指定之中央災害防救業務主管機關

資料來源：整理自災害防救法第三條。

二、危機整備階段

在認知極可能發生恐怖攻擊危機情境後，即必須準備啟動相關因應措施，使事件確實發生時，足以快速反應。

（一）啓動決策指揮機制

泰國峇里島發生爆炸案前，行政院事前接獲有國際恐怖主義活動的相關訊息後，即於第一時間邀集內政、外交、國防、財政、經濟、交通等相關部會研商因應對策，並加強戒備與防範。但會議中是否即對機關間的統合協調指定一主導機關並不明確，若可能發生爆炸或核生化攻擊時，前述機關是否足以處理後續因應作為，不無疑慮。

（二）災防體系整備

在現行災防體系下，有重大災害發生發生之虞時，中央災害防救業務主管機關首長應立即報告中央災害防救會報召集人。召集人得視災害之規模、性質，成立中央災害應變中心，並指定指揮官。在地方亦有災害應變中心之設置規範。但有恐怖攻擊事件發生之虞時，是否應啟動災害應變中心機制並不明確。可以確定的是，泰國峇里島發生爆炸案前，行政院事前接獲有國際恐怖主義活動的相關訊息後，雖召集相關部會研商，但並未啟動災害應變中心機制。

三、危機發生處理

本階段包括成立任務編組之危機處理緊急應變小組、政府與民間組織動員、醫療救護、災區或危機情境之緊急處理以減少或降低損失，以及新聞媒體處理等。

（一）決策指揮機制運作

以去年美國 911 事件發生後，總統府立即成立「911 專案小組」，由國安會秘書長擔任召集人，下設各項「911 專案工作會議」及「911 專案資料中心」，並由國安會負責協調各相關機關蒐集彙報情報，提

出建議方案，作為 總統決策參考並據以下達指令。行政院各部會雖亦就恐怖攻擊行動的後續發展，召開多次會議，但這些會議並非常設會議，亦不屬於專案性任務編組作業型態，尚無法提供行政院長強而有力的幕僚支援，儘止於各部會首長交換意見與接受行政院指示的場所。

由於國內並無處理恐怖攻擊之經驗，當恐怖攻擊發生在國內時，目前僅有依據前述之緊急應變中心統籌指揮救災事宜，但恐怖事件並非單純的天然或意外災害，運用災防法之組織架構處理是否得當，尚待斟酌，況且既是人為恐怖攻擊事件，當可能為各種災害情況的綜合體，以及必須同時啟動治安體系資源，國內目前尚缺乏現場指揮中心的建置與中央的統籌的處理與指揮中心。單純以救災而言，參考九二一地震發生後，政府、國軍部隊和民間團體都展現高度的服務熱誠，以及戮力從公的犧牲精神，但回首當時情況，地震發生時，中央政府首先在內政部消防署成立了「中央防救中心」；之後又成立「地震救災督導中心」，由副總統坐鎮指揮；之後又成立「災後重建推動委員會」，由行政院長擔任主任委員；救災與重建成了三頭馬車，傷亡與災情統計也產生不同的情況。此後也發生中央與縣市政府，縣市與鄉鎮間，甚至中央各部門間均產生嫌隙、救援行動與資源分配缺乏統籌指揮體系之運作、國際搜救團體找不到提供災區訊息的中心以及所分配的搶救地點重複或不當等，這些均顯示欠缺一有效運作的指揮系統。因此，針對恐怖攻擊事件的發生，行政院下除了應有專責之統合單位外，也應預先規劃建立明確之現場指揮體系。

（二）組織動員與醫療救護

恐怖攻擊事件發生後，首重人員消防、醫療救護與搜證工作，若屬挾持人質事件，則必須出動特勤隊人員，而其中談判、通譯人才更是不可或缺。就單純的人員傷亡救護與處理，國內醫療院所應

足以處理，但若涉及核生化武器使用時，國內救護能量是否足夠，則值得商榷。而救護過程中是否會發生二次災害，如同 911 事件中消防、救護人力進行第一時間搶救，卻因大樓發生倒塌，導致更多傷亡情形產生，亦是值得相關單位注意。

目前國內專司反恐的戰力，包括軍方的特勤隊以及警政署的維安部隊，總人數大約在三百到四百人之間。不過，由於特勤部隊的訓練和設備相當花錢，在備而不用下又未必經常有實戰機會，又因近年政府推動人事精簡，這些單位常成為精簡的首要目標，例如國軍原本有三支反恐部隊，包括海軍陸戰隊、空特部隊及憲兵警務處下各轄一支反恐部隊，但是歷經精實案後，僅剩下憲兵特勤隊還維持編制，其餘兩支部隊則併入其他特種部隊，因此當 911 事件後，國內反恐部隊的人力與訓練是否足以因應世界局勢改變，也再度受到討論。陳總統在對外發表反恐談話時，也提及我國將建立專業化的反恐部隊。

我國軍方曾在 911 後也重新檢視反恐部隊的編制，擬將精進案中憲兵其他單位精簡下來的員額擴充到憲兵特勤隊，同時編列四年發展計畫，逐年擴充憲兵特勤隊的武器與訓練設備。不過，92 年度國防預算書，除一般的行政費和薪資外，一百多人編制的憲兵特勤隊仍僅編列了九百多萬的輕兵器訓練經費，以特勤隊武器設備耗損一向甚高的特性，平均分配到十二個月，令人質疑是否足以支撐訓練所需。台灣目前雖是東亞少數具有自訓反恐部隊實力的國家，儘管仍沒有像外國反恐部隊專用的訓練場，多少有些遺憾，但是憲兵特勤隊定期會與航空公司合作，實際登上客機演練反劫機實戰訓練精進戰技。

（三）新聞媒體處理

電子媒體的發達使得恐怖事件報導快又詳實，新聞從業人員為提高收視率，各種聳動的畫面不斷出現，而此正是恐怖主義份子所

希望的，可以獲得媒體廣泛及深入的報導。因此政府部門對於恐怖攻擊事件的新聞媒體處理必須一致，避免以訛傳訛，造成民眾不必要的恐慌。

統一的發言管道，可以使受驚嚇的民眾重拾對政府處理該等危機的信心。過去行政院方面的發言係由行政院新聞局負責，目前則由行政院的發言人機制所取代，但若發生的是恐怖攻擊事件，是否仍依該發言人機制對外說明，或由其他機關或統合機構解釋，則目前並無相關資訊可供分析。

若把 1997 年陳進興挾持南非武官案視為一挾持人質恐怖事件時，當時警方在處理上即產生(１)危機行動小組的功能未充分發揮，指揮中心成員意見紛亂；(２)決策能力遭受質疑；(３)新聞媒體介入偵辦的過程，警方欠缺危機溝通策略；(４)現場管制欠缺規劃，交通阻塞，延誤傷患送醫及後勤補給；(５)警方與嫌犯之間欠缺協調、轉圜角色，談判人才待培訓；(６)危機資源管理失當；(７)危機處理行政之複雜化，權責未劃分清楚，等項問題[26]，以小觀大，可以推論當我國境內真正遭遇恐怖攻擊之人質挾持事件時，相關單位是否能妥善處理不無疑問。

四、危機善後處理及檢討評估

災區重整與重建、受災人員輔導及其他資源或補助經費的支援；檢討評估前面三階段執行情形並作成案例、修正及改善制度，回復正常的危機預測與規劃階段。

---

[26] 朱愛群（2002），《危機管理——解讀災難謎咒》，頁 448-452

（一）災後重建

我國的大型的災後重建計畫，當以九二一震災為首，九二一震災重建暫行條例即是在此狀況下孕育而出，其目的在有效、迅速推動震災災後重建工作，以重建城鄉、復興產業、恢復家園。為推動災後重建工作，由行政院設置行政院九二一震災災後重建推動委員會，以行政院院長為召集人，召集中央相關部會、災區地方政府及災民代表組成，負責重建事項之協調、審核、決策、推動及監督。直轄市、縣（市）、鄉（鎮、市）、村里及社區得設置各該地區九二一震災災後重建推動委員會，負責規劃、協調推動震災重建事項。

上開條例除了建物重建外，亦規範設立生活重建服務中心及其服務項目。縣（市）政府應自行或委託其他機關、社會福利機構或團體，於各災區鄉（鎮、市）設立生活重建服務中心，對失依老人、兒童少年、身心障礙者、變故家庭、單親家庭、低收入戶、原住民或其他弱勢族群之生活需求，提供預防性、支持性與發展性之服務，也包括提供居民、學校師生及救災人員個別式與團體式之諮商輔導及協助醫療轉介，及其他有關福利措施、就業、法律、申訴、公共建設、產業重建、社區重建及其他重建相關服務與資訊之諮詢、轉介與媒合。

再者，重建條例也含括相關的文化資產之重建、鼓勵民間參與建設、租稅與融資之配合措施、行政程序之執行與簡化等項目。

（二）檢討評估

雖然九二一地震屬於天然災害，但後續的重建工作事項與處理人為恐怖攻擊事件所釀成的災害或有雷同，其處理經驗應有值得借鏡之處。如何將該次經驗與作法成功移轉，建構我國反恐怖危機之善後處理機制，亦是政府部門應予以重視的課題。此外，若欲將重建條例應用至未來我國遭受恐怖攻擊之後續處理作為，尚需加強考量核生化武器攻擊後所衍生的課題。

綜上所述，目前行政院部分尚缺乏反恐怖主義之緊急應變幕僚機制，而現存的治安及災害防救兩大體系，其運作及能量亦有待加強。何況在真正遭遇恐怖攻擊事件時，現場指揮的決策處理中心為何，也不明確。

表四　我國反恐危機處理機制與災害防救體系對照表

	反恐危機處理機制	災害防救體系
一、執行主體	・總統府（含國安會、國安局）。 ・行政院（含所屬內政、國防、法務、外交、海巡等相關部會）。	行政院（含所屬內政、經濟、交通、環保、農業及相關部會）。
二、決策處理	・當重大恐怖事件危及國家安全時，由總統府及所屬國家安全體系執行決策，行政院及所屬相關部會配合執行。 ・發生一般恐怖事件時，由行政院執行決策或責由所屬治安體系處理。	行政院執行決策處理，或責由所屬災害防救體系執行。
三、涵蓋層面	包括：國家安全、災害防救、治安三方面。	著重災害防救方面。
四、事件型態	包括：挾持或暗殺特定人士、炸彈攻擊、資訊網路破壞、攻擊油電及給水公共設施、攻擊大眾運輸系統，走私槍毒、洗錢等。（註：恐怖組織有時為掩護成員後撤或進行下一波攻擊；若非恐怖組織主動向外公開或被政府偵破，上述挾持暗殺、網路破壞、油電、給水及大眾運輸災難等，容易被誤認為一般災難或治安事件）	天然災害：風災、水災、震災、旱災、寒害、土石流災害等。人為疏失或設備損壞：重大火災、爆炸、公用氣體與油料管線、輸電線路災害、空難、海難與陸上交通事故、毒性化學物質災害等災害等。

五、事件特性	非單一性事件,具有潛伏性,極可能連續發生且事件型態不一。可以適度預防,但無法完全排除事件發生。	突發性單一事件,災害發生及後續引發問題具有邏輯性。天然災害部分:人力無法完全排除,但可以適當預防;人為災害部分:可透過強化人員教訓演練及機具設備維修整備,避免發生或全然排除發生。
六、資訊掌握	· 危害影響層面廣,特重事前情資蒐集研判。 · 可透過國際間或政府部門情報交換及情資蒐集,據以分析研判預測各種可能動向。 · 預測仍有其限度,且易造成社會恐慌。	· 天然災害部分:可運用科學儀器預測發生機率、日期及可能災害程度,但地震預測方面仍有很大限制。 · 人為災害部分:可運用科學儀器檢測、人員演訓及定期維修等降低發生機率。

資料來源：本研究整理。

柒、結論與建議

　　本研究從危機及恐怖主義的剖析出發,蒐集並比較美、日、法及我國危機處理及反恐怖機制及作為,獲得許多值得我國正視的經驗,以下歸納本研究之結論並提出具體可行之建議。

一、結論

　　綜合本研究之檢討分析,可以歸納出以下幾點結論:

（一）國安體系與行政院體系之危機處理雙軌機制明確

我國現行危機處理憲政體制係採「雙軌制」明確劃分總統國安體系與行政院二方面之事權，運作上亦甚順暢。按現階段國家安全體制，總統轄下設有國家安全會議及其所屬國家安全局，體制運作上近似美國情況。國家安全會議由總統擔任主席，成員包括副總統、總統府秘書長、行政院院長及相關部會首長等；實際業務的推動，則由國家安全局綜理國家安全情報工作之策劃與執行，並對國防部、內政部警政署、法務部調查局等機關所主管之有關國家安全情報事項，負統合指導、協調、支援之責。平時，總統均可以掌握各種最新情報資訊，當恐怖事件可能發生或已經發生後，國家安全會議及其所屬國家安全局可以及時提供總統各種幕僚意見，俾第一時間下達決策指示。

（二）行政院欠缺強有力的輔助反恐決策幕僚單位

對照行政院處理運作方面，遇大型災難、重大刑案或其他危機恐怖事件時，行政院長藉由轄下治安及災害防救二大體系的通報，雖可迅速掌握最新情資，惟配合總統執行必要決策指示時，卻無類似國安會或國安局的幕僚機制，據以提供即時必要的幕僚建議。

（三）現存的各項情資蒐集及情資通報機制有待加強

現行國安法制係由國防部、內政部（警政署）、法務部（調查局）及海巡署等機關提供國安局各類情報資訊，經國安局進行綜合研判分析後，再由國安局視情資內容分送行政院及相關部會參考，對於國際恐怖份子資訊也多由國外交換情報而得，國內並無專責情搜研判資料。行政院方面除依賴國安局所彙整提供的情資外，其他訊息主要由所轄國防部、內政部（警政署）、法務部（調查局）及海巡署

等機關提供，由於涉及部會較多，通報及處理流程不似國安體系明
確。層層轉報並不利於爭取危機處理時效。

(四) 治安及防災體系統合之指揮系統尚未明確建置

行政院轄下具有治安與防災體系，為恐怖主義行動的預防或發
生時，災防與治安二體系必須同時運作、相互協調，但目前制度上
並沒有明確的統合指揮系統存在，事件現場也必須有預擬的最高指
揮單位與人員，否則一但發生恐怖攻擊事件，勢將產生群龍無首或
多頭馬車情況產生。

(五) 國內反恐怖打擊力量分散且欠缺統合協調機制

內政部警政署轄下設有「維安特勤隊」，專責執行反恐怖、反劫
機、反挾持與維護國家元首安全等任務，另國防部轄下之「憲兵特
勤隊」屬軍方精銳的反恐怖特種部隊，二者各有其主管部，平時各
斯其職，派訓或演練各依其單位原有計畫進行。誠如前述，既然平
時即缺乏有效地統合協調機制，經驗亦無法適當交換，當國內反恐
行動需同時動員到二個單位時，難免會有協調上的問題產生。

(六) 現階段遭受毒物及核生化攻擊時防護能力不足

恐怖份子若要對台灣發動核子攻擊，唯一的可能是攻擊核能電
廠。對於核電廠應有密集的保安稽查，除加強人員進出管制外，也
全面對各電廠金屬探測器及X光機掃描器等保安設備的測試，目前
國內重要設施係由警政署保二總隊負責，但在現有警力下，若遭受
突發外力攻擊，恐不足以因應。而對恐怖份子來說，發動化學戰的
成本最小，只要一、兩個人，就可以讓整個城市接近癱瘓。日本地
鐵幾年前發生奧姆真理教沙林毒氣事件，直接死亡人數十一人，但
卻超過四千人在逃離過程中受傷。如果事先經過演習，民眾知道如
何疏散，且有適當防護措施，這起事件的傷亡應可有效降低。我國

目前相關防護裝備與設施,散見於原能會、環保署、衛生署、警政署及國軍單位與部分民間機構,卻無明確的統計資料瞭解相關設備數量及裝備有效性,一但遭受核生化或毒性物質攻擊,在反應及防護能量上,明顯不足。

(七)反恐法令尚需配合國際反恐作為做適度的調整

在反恐法令規範而言,我國目前並針對性之專門法令[27]。過去政府處理相關事件皆以刑法內亂、懲治叛亂條例(現已廢除)、殺人罪、傷害罪及公共危險罪等法律加以懲治規範;對於外來恐怖主義份子欲申請來台,僅能以「入出國及移民法」及「外國護照簽證條例」予以列管,不予其入境。但由於目前我國並無明顯、重大或立即可能發生之政治、宗教、種族、分離主義等動機導向的恐怖主義團體及其活動,應無需制定特別法而賦予司法偵查、治安維護機關特別權力以打擊恐怖暴力活動。然而從嚴運用刑法等相關法令並從重量刑,以遏阻類似恐怖暴力行徑,確保公共安全、社會秩序,應為必要且合宜之法律層面反恐怖對策。

二、建議事項

基於強化處理恐怖攻擊事件,可在現行「雙軌制」通報及決策機制的基礎架構上,適度修改及增強相關作為(參見圖二),並落實

---

[27] 法務部於 91 年 11 月 11 日公佈「反恐怖行動法」,依草案除授權檢察總長、調查局長、警政署長及海巡總署署長得下令凍結、扣押疑似恐怖組織帳戶或財產外,對有危害人民生命、財產之虞的處所,治安人員也可以逕行進入檢查或阻止危害發生。反恐專法也採「世界主義」,規定中華民國人民在領域外觸犯與恐怖活動有關的罪名,不論最重本刑是否為三年以下有期徒刑之罪,一律依「反恐怖行動法」追究刑責,並加重其刑至二分之一。這部反恐專法定稿後,將送行政院核定,再送立法院審議。

行政院治安與災防兩大體系之各種既有演練措施，對提升我國反恐怖主義危機應變處理能力，應有相當效果，謹將主要建議分述如下：

（一）強化國家安全會議與行政院情資通報聯繫機制

國家安全會議平日資訊與情報大部分來自國家安全局，國家安全局除自行蒐整情報資訊外，亦藉由行政院所屬國防部、內政部警政署、法務部調查局等提供各類情資。為強化國安會與行政院的情資通報聯繫整合，有必要設置聯繫單一窗口，由專責人員負責執行相關事宜，以期遇有危機發生時，同步啟動危機處理機制。另外，為爭取啟動危機處理機制時效，行政院方面應考慮建立危機處理緊急連絡人員名冊，必要時亦可納入部分學者專家，確保危機處理機制通報及運作暢通無誤。

（二）強化行政院危機通報聯繫機制

按現行國安法制運作，國防部、內政部（警政署）、法務部（調查局）及海巡署等機關平日均須提供國安局各類情報資訊，經國安局進行綜合研判分析後，再由國安局視情資內容分送行政院及相關部會參考。行政院方面除依賴國安局所提供之前述情資外，其他情資主要係由國防部、內政部（警政署）、法務部（調查局）及海巡署等機關提供，由於涉及部會較多，通報及處理流程不似國安體系明確。未來，為爭取危機處理時效起見，這些機關遇有重大情報資訊時，除依規定通報國安局外，亦應迅速通報行政院及所屬各相關機關。

（三）強化行政院緊急決策處理機制

當行政院接獲　總統之國家安全指示，或遇我國、美、日及亞洲週邊國家發生重大恐怖危機事件時，行政院為強化緊急決策能力，統籌所屬相關部會執行反恐事項起見，除可援用本次處理印尼峇里島爆炸事件處理模式，即時召開緊急小組會議因應，並可考慮

視需要於行政院內成立臨時性任務編組之反恐專案小組，由 院長召集副院長、行政院秘書長、內政部部長、外交部部長、國防部部長、財政部部長、法務部部長、經濟部部長、陸委會主委等機關首長，俾利迅速下達決策指令。

（四）恐怖危機事件應區分級別並分層管理

危機處理必須因危機之大小由不同層次的人員或組織出面主持或規劃設法解決及管理，並具有由上而下或由下而上兩者兼具的性質，如我國有關明顯的重大國安事件與戰爭危機，自是由總統、行政院及其轄下的國防部、外交部辦理。恐怖攻擊事件初期有時僅以一般國家安全與治安事件存在，原則上應由基層單位，如警察負責，但應視危機事件事態的發展，逐層反映至上級。因此，必須對於恐怖危機事件區分層級，責成相關單位分層管理。

（五）強化反恐怖打擊力量

內政部警政署保安警察轄下已成立「維安特勤隊」，執行反恐怖、反劫機、反挾持與維護國家元首安全等任務，對劫機、挾持人質、放置爆裂物、施放生化武器等類事件，平時即應加強演練。

基於打擊重大犯罪需要，維安特勤隊平時係由警政署長負責指揮調度，遇有重大危機緊急狀況時，可提升由內政部長直接指揮。當研判恐怖組織極可能發動恐怖攻擊事件時，或恐怖事件確已發生後，必要時，國防部憲兵特勤隊亦應即時配合出動，惟反恐打擊力量此時之指揮權應提升由行政院直接指揮調度，統一指揮「維安特勤隊」及「憲兵特勤隊」，俾充分發揮整合打擊之效果。此外，應積極蒐集各國打擊恐怖組織經驗及資訊，購置符合必要的特殊器材及裝備，定期排定課目演練，做好打擊恐怖行動的準備。

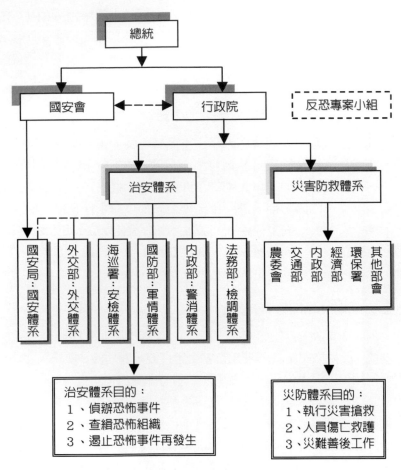

圖二　我國反恐怖危機處理體系架構

資料來源：本研究整理。
註：行政院當接獲　總統之國家安全指示，或遇我國、美、日及亞洲週邊國家
　　發生重大恐怖危機事件時，可視需要於行政院內成立臨時性任務編組之反
　　恐專案小組。

（六）加強各類恐怖事件平時模擬演習

　　政府現行的治安體系、救災、消防、醫療、緊急動員機制，平時即應完成建置「緊急應變計畫書」，並針對不同類型恐怖事件及啟動層級等情況，編定各種不同課目進行定期模擬，瞭解各種危機處理機制能否迅速有效運作？通報系統是否迅速暢通？決策下達是否迅速無誤？各單位協調整合及應變處理能力是否足夠？藉由這樣平時訓練與演練過程中，發現問題及改善對策，提高我國預警及打擊國際恐怖事件的能力。

（七）強化我國遭受毒物及核生化攻擊之防護能量

　　欲強化核生化及毒性物質防護能量，除政府相關單位應有應變編組設計，如衛生署執行生物戰劑防護、化學災害由環保署負責、重要設施由警政署加強戒備，但應隨時因應突發狀況，相互支援。加強核電廠警戒和應變措施，利用編製化毒防護手冊或生物防護簡冊方式，提供給一般民眾瞭解。核生化教育、訓練亦不可或缺，各項防護裝備應有效統整，維持足夠的防護能量，平常也應訓練正確使用防護裝備，充分發揮防護裝備效能。此外，如何結合民間資源，提升全民生化戰防護能量，也相當迫切。而對於核電廠、油庫、發電廠、水庫、重要經建設施，甚至目前我國經濟命脈的科學園區等，亦應適度加強常態性的安全維護工作。

（八）建立反恐連絡人員名冊

　　恐怖活動態樣多元化，涉及之主管機關亦多，為能於最快時間內聯絡相關主管機關共同打擊犯罪，建議各情報、治安機關依據恐怖活動態樣檢討及建立配合處理機制，並提供各類處理機制之緊急連絡人員名單，以暢通危機通報與協調機制。在連絡人員名冊中亦應建立學者專家「專業人員名冊」（尤重核生化攻擊），以供諮詢與

協助決策；連絡過程中宜設計保密的機制，如果消息事先走漏，易引起群眾恐慌及增加決策者的壓力，若有必要對外公佈消息時，必須統一口徑。

（九）強化各項資訊網路安全工作

鑑於恐怖組織可能運用電子戰擾亂國家金融秩序，或者先行破壞軍方情治機關的資訊網路系統後，再行掩護成員發動各種破壞行動。政府機關應加強各種資訊網路安全管制工作，諸如國防、情治及警調等機關資訊網路，尤應建置備援設施及雙重通報機制，確保各項情資通報及下達指令全程暢通。資訊網路深入社會各階層，帶來便利與經濟利益，也增加恐怖主義攻擊手段的選擇，政府尤應注意「資訊恐怖主義」的存在。

（十）適度提高恐怖活動之刑責

國內長期以來未受國際恐怖組織之恐怖活動威脅，加以目前我國並無明顯、重大或立即可能發生之政治、宗教、種族、分離主義等動機導向的恐怖主義團體及其活動，因此應無需仿照國外制定反恐怖活動特別法[28]，但是未來修正相關法令時，應可考量恐怖活動特性，適度提高恐怖活動之刑責以及阻卻恐怖主義份子利用我國金融體系進行洗錢動機，以遏阻類似恐怖暴力行徑或在台獲取非法所得。

---

[28] 法務部雖於 2002 年 11 月 20 日通過反恐怖行動法草案，但筆者認為其主要在宣示我國身為國際社會的一份子，應善盡反恐之責；但法案內容與目前相關法令有疊床架屋之嫌，且是否能排解外界對該法案是否過度放寬檢調及國安體系權力，而將侵害人民應有權利，仍待商榷。

（十一）持續加強國際聯繫合作共同反制恐怖主義

　　各國成例均逐漸重視或仰賴國際間通力合作以有效遏止或打擊恐怖暴力活動。在面對國際恐怖主義無國界的威脅下，全球合作以反制恐怖活動更有其必要性。因此，積極參與國際反恐怖共同合作、建立全球治安觀點、結合與交流各國治安反恐怖犯罪的經驗與智慧，均是當前各國所努力的方向，台灣身為國際的一份子，自然無法置身事外，況且透過全球反恐體系交流，亦可彌補我國因非聯合國會員而被排擠在許多國際組織之外的遺憾與不便。同時，也是落實實質外交與加強實質關係的外交途徑之一。

三、研究限制與未來研究方向

（一）研究限制

1、本研究多利用公餘時間完成資料蒐集、彙整、分析及撰寫等工作，在時間上不若一般專門研究，擁有較為充裕的時間。

2、本研究在文獻及撰寫過程中，因文中涉及諸多與國家安全、情報等相關資料，所需資料見諸於文字並不多，能提供實務上意見者，更是少數。

3、本研究作者雖任職於公務機關，但受限於所學及公務生涯經歷，在認知與撰寫報告上難免有所疏漏與偏頗。

（二）未來研究方向

1、本研究雖然儘量蒐集文獻及專家學者對我國反恐怖危機處理機制的實務經驗與作法，但研究僅止於體制之運作架構分析，未來可以針對本文所述危機處理程序，作更深入之研究。

2、本研究主要針對政府可能面臨的危機與處理部門作一探討，
未來可配合政府目前積極辦理的改造與組織重整工作，重新
思考我國反恐怖危機處理機制之新作為。

（本文為與卜正球、黃宏光合著之自行研究報告，曾獲 2002 年
行政院傑出研究優等獎。）

參考書目

立法院法律查詢系統,立法院首頁網址:http://www.ly.gov.tw/。

朱愛群,《危機管理——解讀災難謎咒》,五南圖書出版公司,民國91年2月。

李正屏,〈美國執行反恐怖主義現況分析〉,《源遠學報》,第11期,民國88年12月。

李建良,〈淺析緊急命令之憲法爭議——從九二五緊急命令談起〉,《台灣法學》,第6期,民國89年1月。

辛志中等人,〈政府危機處理與管理〉,八十八年度中高層主管培訓班出國專題研究報告,民國88年6月。

林文程,〈恐怖主義的特質與反恐怖主義的困境〉,《立法院院聞月刊》,第29卷第10期,民國90年10月。

韋氏國際字典,頁538。

孫本初,《公共管理》,智勝文化事業有限公司,民國87年9月。

張中勇,〈2010年社會發展策略實施計畫國家安全課題〉,2010年社會發展策略實施計畫期中報告橫向交流研討會會議資料(各組期中報告),行政院研究發展考核委員會,民國91年6月。

張中勇,〈國際恐怖主義的演變與發展〉,《戰略與國際研究季刊》,第4卷第1期,民國91年1月。

張中勇,〈論各國反恐怖主義活動之對策與經驗對我國國境安全維護的啟示〉,《中央警官學校警學叢刊》,第23卷4期,民國82年6月。

張台麟等,〈各國危機處理組織及其運作〉,行政院研究發展考核委員會編印,民國82年4月。

連正世,〈危機管理之研究——1986華航事件〉,政大外交所為出版碩士論文,民國78年。

詹中原，〈美國政府之危機管理：組織發展與政策架構〉，《美國月刊》，第 5 卷第 5 期，民國 79 年 9 月。

廖元豪，〈美國反恐怖主義相關法律措施之簡介與評論〉，《月旦法學雜誌》，第 80 期，民國 91 年 1 月。

Alastair Bucham, Crisis Management, cited in Coral Bell, *"Crisis Diplomacy"*, Strategic Thoughtin the Nulear Age (Baltimore: Johms Hopkins, 1979) p.159.

Alex P. Schmid, *"The Response Problem as a Definition Problem,"* in Alex P. Schmid and Ronald D. Crelinsten (eds), Western Responses to Terrorism, Frank Cass & Co., Oregon, 1993, p.8.

Allan J. Behm, *"Coordinating Counterterrorism: A Strategic Approach to a Changing Threat,"* Terrorism, Vol.14, 1991, pp.183-84.

Binyamin Netanyahu, Terrorism: How the West Can Win (New York: Farrar, Strauss and Giroux, 1985), p.9.

Boaz Ganor, *"Defining Terrorism: Is One Man's Terrorist Another Man's Freedom Fighter?"* in http://www.ict.org.il/articles/define.htm

Charlos F. Henman, Crisis in Foreign policy (Bobbs-Messill, 1969) p.29.

Edward L. Mores, *"Crisis Diplomacy, Interdependence and the politics of International Economic Relation"*, cited in Raymond Tamter and Richard H. Vilman, Theory and policy in international Relations (Princeton, 1973) p.6

Frederic S. Pearson and J. Martin Rochester, International Relations: The Global condition in the Late Twentieth Century, 2nd edition (New York: Random House, 1988), pp.393-394.

Glenn H. Snyder and Paul Deising, Conflict among Nations: Bargaining, Decision making and System Structure in international Crisis (New jewcy: Pnnceton University Press, 1977) p.6.

Hoffman, *"Responding to Terrorism Across the Technological Spectrum,"* pp.374-375.

Jerrold M. Post, Keven G. Ruby and Eric D. Shaw, *"From Car Bombs to Logic Bombs:The Growing Threat from Information Terrorism,"* Terrorism and Political Violence, Vol. 12, No. 2, Summer 2000, pp.97-122.

Karl W. Deutsch, *"Crisis Decision-Making: The Information Approach"* in Daniel Frei, ed., Managing international Crises (Beverly Hills: Sage Publication, 1982) p.15.

Laurence Martin，謝永譯，《核子時代的戰略思想》，台北：黎明文化事業公司，民國 65 年。

Nudell, Mayer & Norman Antokol (1988), *"In Case of Emergency: A Handbook for Effective Emergency and Crisis Management"*, Lexington, MA: Lexington Books.

Nunamaker, Jay f. JR., Weber, E. Sue, and Chen, Minder (1989), *"Organizational Crisis Management Systems: Planning for Intelligent Action."*: Journal of Management Informantion.

Oliver B. Revell, *"Structure of Counterterrorism Planning and Operations in the Unites States,"* Terrorism, Vol.14, No.4, (1991), pp.136-138.

Paul Wilkinson, *"Terrorist Targets and Tactics: New Risks to World Order,"* Conflict Studies, December 1990, p.1.

Phil Hirscgkorn, Rohan Gunaratna, Ed Blanche, and Stefan Leader, *"Blowback,"* Jane's Intelligence Review, August 2001, pp.42-44.

Rohan Gunaratna, *"Terrorist threats target Asia,"* Jane's Intelligence Review, July 2000, pp.39-41.

Ronald K. McMullan, "*Ethic Conflict in Russia: Implications for the United States,*" Studies in Conflict and Terrorism, Vol.16, No.3, July/September 1993.

Walter Laqueur, "*Postmodern Terrorism,*" Foreign Affairs, Vol.75, No.5 (September/October 1996), p.24.

William Cohen, Speech National Press Club, March 17, 1998.

William J. Broad, "*Defense May Be Inadequate for Germ or Toxic Attacks,*" The New York Times, 23 September 2001.

國家圖書館出版品預行編目

行政機關績效管理 / 邱吉鶴. -- 一版. --
　臺北市：秀威資訊科技, 2008.04
　　面；　公分. -- (社會科學類；AF0078)

ISBN 978-986-221-006-2 (平裝)

1. 行政管理　2. 績效管理

572.9　　　　　　　　　　　　97006761

社會科學類　AF0078

行政機關績效管理

作　　者 / 邱吉鶴
發 行 人 / 宋政坤
執行編輯 / 黃姣潔
圖文排版 / 鄭維心
封面設計 / 蔣緒慧
數位轉譯 / 徐真玉　沈裕閔
圖書銷售 / 林怡君
法律顧問 / 毛國樑　律師
出版印製 / 秀威資訊科技股份有限公司
　　　　　台北市內湖區瑞光路 583 巷 25 號 1 樓
　　　　　電話：02-2657-9211　　　傳真：02-2657-9106
　　　　　E-mail：service@showwe.com.tw
經 銷 商 / 紅螞蟻圖書有限公司
　　　　　台北市內湖區舊宗路二段 121 巷 28、32 號 4 樓
　　　　　電話：02-2795-3656　　　傳真：02-2795-4100
　　　　　http://www.e-redant.com

2008 年 4 月 BOD 一版
定價：330 元

讀　者　回　函　卡

感謝您購買本書，為提升服務品質，煩請填寫以下問卷，收到您的寶貴意見後，我們會仔細收藏記錄並回贈紀念品，謝謝！

1. 您購買的書名：＿＿＿＿＿＿＿＿＿＿＿＿＿＿＿＿＿

2. 您從何得知本書的消息？

　　□網路書店　□部落格　□資料庫搜尋　□書訊　□電子報　□書店
　　□平面媒體　□ 朋友推薦　□網站推薦 □其他＿＿＿＿＿

3. 您對本書的評價：(請填代號　1.非常滿意 2.滿意 3.尚可 4.再改進)

　　封面設計＿＿　版面編排＿＿　內容＿＿　文/譯筆＿＿　價格＿＿

4. 讀完書後您覺得：

　　□很有收獲　□有收獲　□收獲不多　□沒收獲

5. 您會推薦本書給朋友嗎？

　　□會　□不會，為什麼？＿＿＿＿＿＿＿＿＿＿＿＿＿＿

6. 其他寶貴的意見：＿＿＿＿＿＿＿＿＿＿＿＿＿＿＿

＿＿＿＿＿＿＿＿＿＿＿＿＿＿＿＿＿＿＿＿＿＿＿＿＿＿＿

＿＿＿＿＿＿＿＿＿＿＿＿＿＿＿＿＿＿＿＿＿＿＿＿＿＿＿

＿＿＿＿＿＿＿＿＿＿＿＿＿＿＿＿＿＿＿＿＿＿＿＿＿＿＿

讀者基本資料

姓名：＿＿＿＿＿＿＿＿　年齡：＿＿＿　性別：□女 □男

聯絡電話：＿＿＿＿＿＿　E-mail：＿＿＿＿＿＿＿＿

地址：＿＿＿＿＿＿＿＿＿＿＿＿＿＿＿＿＿＿＿＿

學歷：□高中(含)以下　　□高中　　□專科學校　　□大學
　　　□研究所(含)以上 □其他＿＿＿＿＿＿＿＿

職業：□製造業 □金融業 □資訊業 □軍警 □傳播業 □自由業
　　　□服務業 □公務員 □教職　□學生 □其他＿＿＿＿＿

To：114
　台北市內湖區瑞光路 583 巷 25 號 1 樓

　秀威資訊科技股份有限公司　　　收

寄件人姓名：

寄件人地址：□□□

(請沿線對摺寄回,謝謝!)

秀威與 BOD

BOD（Books On Demand）是數位出版的大趨勢，秀威資訊率
先運用 POD 數位印刷設備來生產書籍，並提供作者全程數位出
版服務，致使書籍產銷零庫存，知識傳承不絕版，目前已開闢
以下書系：

一、BOD 學術著作—專業論述的閱讀延伸
二、BOD 個人著作—分享生命的心路歷程
三、BOD 旅遊著作—個人深度旅遊文學創作
四、BOD 大陸學者—大陸專業學者學術出版
五、POD 獨家經銷—數位產製的代發行書籍

BOD 秀威網路書店：www.showwe.com.tw
政府出版品網路書店：www.govbooks.com.tw

永不絕版的故事・自己寫・永不休止的音符・自己唱